rowohlts
monographien
herausgegeben
von
Kurt Kusenberg

Francisco de Goya

in Selbstzeugnissen
und Bilddokumenten
dargestellt von
Jutta Held

rororo bildmonographien

Rowohlt

Für Norbert

«Auch wenn man sich nicht im geringsten für Kunst interessiert, wenn man nach Spanien kommt, um Apfelsinen einzukaufen oder die Agrarfrage zu studieren, als Börsenjobber oder Agitator – an Goya kann man nicht vorbeigehen: er ist der beste Führer durch das Land.» Ilja Ehrenburg, 1932

Dieser Band wurde eigens für «rowohlts monographien» geschrieben
Den Anhang besorgte die Autorin
Herausgeber: Kurt Kusenberg · Redaktion: Beate Möhring
Umschlagentwurf Werner Rebhuhn
Vorderseite: Selbstbildnis. *Capricho* Nr. 1
Rückseite: El sueño de la razon produce monstruos (Der Schlaf der Vernunft bringt Ungeheuer hervor). *Capricho* Nr. 43

Veröffentlicht im Rowohlt Taschenbuch Verlag GmbH,
Reinbek bei Hamburg, Mai 1980

Satz Times (Linotron 404)
Gesamtherstellung Clausen & Bosse, Leck
Printed in Germany
680-ISBN 3 499 50284 4

Inhalt

Aus der Provinz an den Madrider Hof 7
Herkunft, Sozialisation, Ausbildung 7
Madrid 16
Die frühen Werke 23
Religiöse Darstellungen 23
Porträts 25
Die Teppichkartons 32
Genrebilder 38
Krise der neunziger Jahre 42
Die Caprichos 45
Zeichnung und Karikatur 60
Goyas Kunstauffassung 66
Auftragsarbeiten um 1800 71
Zwischen Aristokratie und Bürgertum 80
Farbe 80
Gemälde des ersten Jahrzehnts des 19. Jahrhunderts 82
Aufstand und Kunst des Volkes 89
Die Kriegsbilder 89
Die Tauromaquia 111
Die letzten Jahre – Alter und Wahnsinn 127
Zusammenfassung 144
Biographie und Historie – Goyas Lebensgeschichte und die gesellschaftlichen Antagonismen seiner Zeit 144

Anmerkungen 150
Zeittafel 167
Zeugnisse 170
Bibliographie 175
Namenregister 179
Über den Autor 182
Quellennachweis der Abbildungen 183

Selbstbildnis. Ausschnitt aus dem Gemälde «Heiliger Bernardino von Siena». Madrid, San Francisco el Grande

Aus der Provinz an den Madrider Hof

Herkunft, Sozialisation, Ausbildung

Bis 1733 läßt sich die Spur von Goyas Vorfahren in Zaragoza, der Stadt, in der er aufwuchs, zurückverfolgen. Seit diesem Jahr war Pedro Goya, der Großvater des Malers, als Notar in der aragonesischen Hauptstadt ansässig.[1]* Möglicherweise war er baskischer Herkunft und erst in diesem Jahr aus unbekannten Gründen nach Zaragoza umgesiedelt. Er besaß ein Haus in der Pfarrgemeinde S. Gil, gegenüber dem Stift von S. Lorenzo und dem Haus eines Seidenhändlers – das heißt, er wohnte in einem «guten» Stadtviertel. Der Vater des Malers, José Goya, war einer der angesehensten Vergolder von Zaragoza. Er gehörte zu den vierzehn Meistern, die die Vergolderzunft bildeten. 1736 heiratete er Gracia Lucientes aus Fuendetodos, einem kleinen, abgelegenen Dorf unweit von Zaragoza, die aus dem niederen ländlichen Adel stammte. Sie lebten im eigenen Haus, in der Calle Morería Cerrada, die ebenfalls zur Pfarrgemeinde S. Gil gehörte. Gracia Lucientes, die Angehörige in Fuendetodos hatte, weilte offenbar häufiger in ihrem Heimatdorf. In dem Haus ihres Bruders Miguel in Fuendetodos brachte sie am 30. März 1746 Francisco Goya zur Welt. Er war ihr viertes Kind; zwei Schwestern und ein Bruder, Tomás, waren vor ihm geboren, nach ihm folgten noch zwei jüngere Brüder. Tomás, der älteste Sohn, übernahm später die Werkstatt des Vaters, Camilo, einer der Jüngeren, wurde Priester und brachte es durch die Hilfe seines Bruders Francisco zu einer Kaplanpfründe in Chinchón, nahe Madrid.[2] – Der Vater José starb 1781 in der Calle de las Rufas (in Zaragoza), in die er inzwischen gezogen war. Er schrieb kein Testament nieder, da er, wie es in den Akten lakonisch heißt, nichts zu vererben hatte.[3] – Die Zusammenarbeit mit Malern, Bildhauern und Schreinern vornehmlich bei der Herstellung von kirchlichen Retabeln, von der die Vergolder lebten, war zweifellos zurückgegangen und immer weniger einträglich geworden, je mehr diese barocken Gesamtkunstwerke verschmäht wurden. Gerade die Vergolder, die zur illusionistischen

* Die hochgestellten Ziffern verweisen auf die Anmerkungen S. 150f.

Verschmelzung von Gemälde, Skulptur und Rahmenwerk beitrugen, mußten mit dem Vordringen des klassizistischen Geschmacks auch in der Provinz – einem erklärten Ziel der Madrider Kulturpolitik – die Basis ihrer Arbeit allmählich verlieren. So war es notwendig, daß Francisco ein eigenes Handwerk lernte, da er nicht ebenfalls von der väterlichen Werkstatt leben konnte.

Von Goyas sicherlich nur rudimentären Schulbildung in der «Schule des Paters Joaquín» wissen wir nur aus beiläufigen Bemerkungen in seinen Briefen an Martín Zapater, den Schulfreund aus Zaragoza, dem Goya über viele Jahre hinweg aus Madrid über sein Ergehen berichtet.[4] Mit etwa dreizehn Jahren wird Goya bereits seine Ausbildung als Maler im Atelier des José Luzán begonnen haben.[5] Goya selbst hat in seinem Alter wohl nicht von ungefähr allein Luzán als seinen Lehrer genannt. Bei ihm habe er die Grundlagen der Zeichnung gelernt, indem er die besten Stiche, die Luzán besaß, habe kopieren müssen. Danach habe er nach eigener Erfindung zu malen begonnen.[6] Während Goya sich 1771 in Italien als Schüler Bayeus bezeichnete, der bereits in Madrid Akademiker und daher für Goyas Fortkommen die bessere Referenz war, ist aufschlußreich, daß er sich später, nachdem sich seine eigene Fixierung auf den Madrider Hof gelöst hatte, allein zu seinem ersten Lehrer bekennt, der in der Provinz, abseits von der Residenz, aber unabhängig, arbeitete.

Goya wird in der Werkstatt Luzáns nach alter handwerklicher Tradition gelernt haben, bei der die Ausbildung mit Farbenreiben und Grundieren begann. Gleichzeitig ist jedoch aus der von Goya beschriebenen Methode zu erschließen, daß Luzáns Lehre darüber hinaus akademischen Anspruch erhob: die Trennung zwischen Zeichnung (die durch das Kopieren vorbildlicher Stiche geübt wird) und Ausführung, die Schaffung einer allgemeinen Grundlage der Künste durch das Beherrschen des Disegno war von den Akademien durchgesetzt worden. Tatsächlich gehörte Luzán zu denjenigen Künstlern in Spanien, welche die Akademisierung der Kunst, die in Spanien erst im 18. Jahrhundert kulturpolitisches Programm des Hofes wurde, mit vorantrieben. Luzán wirkte in der vorbereitenden Kommission zur Gründung einer Akademie in Zaragoza mit und richtete in seinem Hause bereits eine Schule ein, die akademischen Charakter haben sollte. Er selbst war unter Philipp V. «pintor del Rey» (Maler des Königs) gewesen. Selbst adliger Herkunft, war er von den Pignatelli, einer der führenden Familien in Zaragoza, nach Neapel zu Mastroleo, dessen Schüler er war, in die Ausbildung geschickt worden.[7] Es gehörte im 18. Jahrhundert zum Mäzenatentum kunstliebender Adliger und Patrizier, daß sie nicht nur Aufträge vergaben, sondern auch für die Aus- und Fortbildung der ihnen quasi bediensteten Künstler Sorge trugen und ihnen Reisen nach Italien oder Paris ermöglichten.[8] In diesem aragonesischen Künstlerkreis wurde

Goya vor allem mit Francisco Bayeu bekannt, seinem späteren Schwager. Möglicherweise gewann er auch in diesen Jahren bereits Zugang zu den Pignatelli und den Goicoechea, die einflußreiche Förderer der Künste in Zaragoza waren und die Errichtung einer Akademie in Zaragoza bzw. akademische Studien der Maler unterstützten. Juan Martín Goicoechea war Kaufmann, der – ähnlich wie die Mutter Goyas – aus dem ländlichen, verarmten Adel stammte, jedoch in der Stadt durch die Entfaltung einer bürgerlichen Tätigkeit zu Reichtum und Ansehen gelangt war. Seinen Sohn Martín hat Goya später porträtiert, seine Enkelin Gumersinda heiratete später Javier, den einzigen Sohn Goyas, der seinen Vater überlebte.[9]

Bei der Frage nach den wichtigsten, für die Erlangung der späteren beruflichen Position motivierenden Faktoren dieser frühen Sozialisationsphase sind vor allem die Erfahrungen und Normen zu berücksichtigen, die Goya direkt oder indirekt aus der Arbeitswelt vermittelt wurden. Durch sie ist seine Zukunftsperspektive bestimmt worden, die zu dem nur teilweise in seiner Entscheidungsmacht stehenden Aufstieg zum ersten Hofmaler führte und die individuelle, aktive Ausgestaltung dieser Position bewirkte, den Spielraum bestimmte, den er seiner künstlerischen Tätigkeit zu schaffen wußte. Eine traditionelle katholische Gläubigkeit trotz späterer Kritik an den kirchlichen Institutionen sowie eine kleinbürgerliche Arbeitsmoral, die mit der aristokratischen Rentnermentalität und den intriganten Positionskämpfen am Hofe in Konflikt geraten mußte, prägten zweifellos den Habitus des Malers.[10] Sein stolzes, empfindliches Ehrgefühl, das ihn auf Unabhängigkeit dringen und Unterordnung schwer ertragen ließ, ja selbst zur realitätsfremden Einschätzung persönlicher Chancen führen konnte, wird durch die adlige Herkunft seiner Mutter eine erste Begründung erfahren haben.[11] Ein nahezu anarchischer Entfaltungsdrang, der als sozialpsychologisches Merkmal spanischer Künstler dieser Zeit gelten kann, die zwischen höfischer, hierarchischer Gebundenheit und individualistischem Unternehmertum eine Existenzform finden mußten, blieb auch ein treibender Impuls der beruflichen Anstrengungen Goyas. Durch das Vorbild Luzáns und seines Freundes Martín Zapater sowie eventuell der Goicoechea und Pignatelli wird er gleich zu Beginn seiner Ausbildung auf die Möglichkeit der Durchbrechung sozialer, ständischer Schranken verwiesen worden sein. Wie diese das Rentnertum des ländlichen Adels aufgaben und sich als Unternehmer oder Kaufleute eine eigene Lebensgrundlage schufen, so wird auch Goya, von einer anderen sozialen Position aus, auf diesen Weg der individualistischen, rückhaltlosen Schaffung und Entwicklung beruflicher Möglichkeiten und einer Form der mit seiner Kunst verbundenen Selbstverwirklichung verwiesen. Der Weg ins traditionelle, Aufstieg verweigernde Handwerkertum war dem zweitgeborenen Sohn verschlossen. Um sich als Maler außerhalb dieses Handwerkertums Existenzgrundlage und Geltung verschaffen zu können, lag nichts näher, als die Chancen der Reformen, die unter Carlos III. in Spanien durchgesetzt wurden und die Ansätze darstellten, die ständische Gesellschaftsordnung des Feudalismus zum bürgerlichen Untertanenstaat zu transformieren, aktiv zu ergreifen. Für den Maler aus der Provinz bedeutete dies, daß er sich mit seiner im wesentlichen nur handwerklichen Werkstattlehre nicht begnügen durfte, sondern eine akademische Ausbildung anstreben mußte. Dies mußte in Goyas Augen um so eher erreichbar erscheinen, als Bayeu 1763 nach Madrid zog und dort unter Mengs' Protektion schnell aufstieg. Seit 1759, nachdem der neue König Carlos III. in Madrid eingezogen war, müssen die Künstler voller Hoffnung dorthin geblickt haben. Zumal um die Ausstattung des neu errichteten Palastes wurde eine rege künstlerische Aktivität entfaltet. Als Freskanten waren auch eine Reihe Maler aus Zaragoza dabei beschäftigt, unter ihnen Francisco und Antonio González Velázquez.

Siebzehnjährig beteiligte sich Goya 1763 und ein zweites Mal 1766 an einem Wettbewerb der Academia de San Fernando in Madrid, um in der Residenz Fuß zu fassen. Jedoch erhielt er beide Male nicht eine einzige Stimme. 1763 wurde an Gregorio Ferro das mit dem Wettbewerb verbundene Rom-Stipendium vergeben, der auch noch bei späteren Gelegenheiten Goyas überlegener Rivale sein sollte.[12] Bei dem zweiten Wettbewerb trug Ramón Bayeu, Franciscos jüngerer Bruder, die Goldmedaille davon. Als Thema war den Konkurrenten «Martha, Kaiserin von Konstantinopel, vor König Alfons dem Weisen» gestellt worden. Daß Francisco Bayeu, der Mitglied der Jury war, seinen Bruder Ramón unterstützte, der gleichaltrig mit Goya war, galt für selbstverständlich, und Goya, ohne tatkräftige Beziehungen an der Akademie und am Hofe, hatte von vornherein keine realen Chancen.

Nichts ist bekannt über Goyas Leben nach 1763 und nach 1766. Erst 1771 taucht sein Name erneut auf, wiederum im Zusammenhang mit einem akademischen Wettbewerb; diesmal gewann er sechs Stimmen und eine lobende Erwähnung in einem Wettbewerb der Akademie von Parma mit einem Bild, das den siegreichen Hannibal darstellte, der von den Alpen aus zum erstenmal Italien erblickt.[13] Im Bericht des Sekretärs der Akademie wird lobend die «schöne Faktur» des Bildes, der lebhafte Blick Hannibals und der großartige Charakter des Heerführers hervorgehoben. «Hätte sich Herr Goya genauer an das vorgeschriebene Thema gehalten und wäre mehr Wahrheit in seinem Kolorit, so hätte er den ersten Preis gewonnen.»[14] Im «Mercure de France» vom Januar 1772, der über den Wettbewerb berichtete, wird Goya, offenbar auf Grund seiner eigenen Angaben, als Schüler Bayeus und als Einwohner Roms bezeichnet.[15] Zweifellos machte Goya diese Angabe, weil ein Madrider Künstler, der zusammen mit Mengs in königlichem Auftrag arbeitete, eine bessere Referenz als ein aragonesischer Kirchenmaler war. Trotzdem darf aus dieser Notiz geschlossen werden, daß Goya nach 1763 oder 1766, im Anschluß an einen der beiden ersten Wettbewerbe, in Madrid geblieben war und bei Bayeu seine Ausbildung fortgesetzt hatte, in der Hoffnung, auf diese Weise leichteren Zugang zu einem der akademischen Stipendien zu gewinnen. Doch erkannte er offenbar, daß er, ohne Beziehungen zum Hofe zu haben und ohne Schüler der Akademie gewesen zu sein[16], keine Chancen hatte, gefördert zu werden. Ein Künstler konnte im 18. Jahrhundert an diesem Hofe nicht darauf rechnen, auf Grund seiner individuellen Fähigkeiten, seines potentiellen «Talentes» entdeckt und gefördert zu werden, sondern er mußte Bürgen dieser Befähigung aufweisen können, sei es den Nachweis einer anerkannten Ausbildung oder seien es kreditierte Akademiker, die sich für ihn einsetzten. So reiste Goya denn, wie er selbst angab[17], auf eigene Kosten nach Italien, um sich die Kenntnis der kanonischen Kunst zu erwerben. Später betonte er mit Stolz, *daß er nach Luzán keinen Lehrer in der Malerei gehabt habe als seine eigenen Beobachtungen und die berühmtesten Bilder Roms und Spaniens, von denen er sehr viel gelernt habe*[18].

Der italienische Stil, im ausgehenden 18. Jahrhundert zunehmend auf den klassizistischen eingeengt, war durch jahrhundertelange Tradition zu einem kanonischen Code der Kunst geworden, wohl im Zusammenhang mit dem universalistischen kulturellen Anspruch der römischen Kirche. Obwohl, aber auch gerade weil die absolutistischen Höfe im Zuge des Merkantilismus ihre Länder autark zu machen suchten, wurde die Beherrschung des klassizistischen, also eines internationalen Stils für die Hofkünstler unerläßlich. Denn nur eine Kulturproduktion, welche die internationalen Standards erreichte, konnte als Legitimation für die Unabhängigkeit und Autarkie eines Hofes dienen, indem sie eben dessen kulturelles Niveau verbürgte. So setzten denn die Madrider Reformpolitiker unter Carlos III., wie Floridablanca oder der Conde de Aranda, sowie die bürgerlichen Intellektuellen, die das kulturelle Leben in Madrid prägten, alles daran, die Kunst in Spanien an dieses internationale Niveau heranzuführen.[19]

Goya kehrte 1771 aus Italien nicht nach Madrid, sondern nach Zaragoza zurück. Er lebte in der «Calle del Arco», später in «el Coso» und arbeitete als selbständiger Meister. Dabei stieg er bald zu denjenigen Malern auf, die die zahlreichsten Aufträge erhielten und am besten bezahlt wurden. Selbst seinen alten Lehrer Luzán übertraf Goya 1774 mit seinen Einnahmen.[20] Es scheint nun zunächst, als habe Goya seine ehrgeizigen Versuche, am Hofe Karriere zu machen, aufgegeben zugunsten einer unabhängigen Existenz in der Provinz, in der er allerdings kaum anders denn als Kirchenmaler tätig sein konnte. Der erste wichtige Auftrag, den er hier erhielt, war 1772 die Freskierung des Gewölbes des kleinen Chores der Basilika El Pilar in Zaragoza, die 1753 von Ventura Rodri-

Giovanni Battista Gaulli: «Anbetung des Namens Jesu».
Rom, Il Gesú, Deckenfresco

guez, einem der wichtigsten Protagonisten des Neoklassizismus in der spanischen Architektur, renoviert worden war.

Goyas Arbeiten in Zaragoza beweisen, daß er bei seinem Rom-Aufenthalt zu den führenden intellektuellen Kreisen keinen Zugang hatte, in denen die neue, vorrevolutionäre Stufe des internationalen Klassizismus, von Winckelmann und Mengs definiert, diskutiert und seine visuelle Sprache ausgearbeitet wurde. Schönheit und Einfachheit, realisiert in der von Mengs erneuerten klassizistischen Form, weisen diese Werke nicht auf, so wie Goya denn auch mit den Themen der profanen Geschichte oder Mythologie, die die akademischen Kreise mit Vorliebe für ihre «exempla virtutis» wählten, keinen Erfolg gehabt hatte. Autodidaktisch muß er seine Studien in Italien in einer Richtung fortgesetzt haben, in der seine Wahrnehmung bereits geschult war, nämlich in der neapolitanisch-aragonesischen spätbarocken Malweise, die er bei Luzán gelernt hatte und die in Italien und Spanien seit den fünfziger Jahren des 18. Jahrhunderts vor allem Giaquinto und Antonio González Velázquez vertraten. Wie die Anklänge seiner Werke in Zaragoza an die von Giaquinto und González Velázquez beweisen[21], adaptierte er dabei durchaus die modernste Ausprägung dieser Kunstrichtung, blieb aber dennoch in den Grenzen dieser grundsätzlich traditionellen Kirchenmalerei befangen, in der die Probleme einer neuen Ethik und Ästhetik und deren Konsequenzen für die Form der Freskomalerei nicht gestellt wurden.

Mit der barocken Bildsprache insbesondere der kirchlichen Freskomalerei war eine eigene Rhetorik entwickelt worden. Einen Höhepunkt dieser universalistischen, katholischen Malerei der Gegenreformation stellten Gaullis Fresken für Il Gesú in Rom dar. Diese Kunst besteht in der bildnerischen Regieführung über ungeheure Massen, die sich vereinigen in der Kommunikation über die Visionen und Wundertaten, die am Himmel erscheinen. Blicke, Gesten, die Torsionen des Körpers sowie die aufdeckende und verdeckende Funktion dramatisch bewegter Draperien waren die visuelle Sprache, in der die Faszination durch die «revelatio» (Offenbarung) überirdischen Geschehens mitgeteilt wurde. Alle physischen und psychischen Kräfte des Menschen werden durch die Anschauung des Überirdischen aktiviert und bewegt. Die Macht der himmlischen Wunder wird als so beherrschend vorgestellt, daß die einzelnen Gestalten, die, halb verdeckt durch Wolken, Engelscharen oder benachbarte Gruppen, ihr Gravitationszentrum nicht mehr wie in der Renaissancemalerei in sich selbst haben, sondern als verzückte, ekstatische Wesen sich in den himmlischen Massen verflüchtigen und als Individuen kaum zu identifizieren sind. – Zwar war im Gegenzug gegen die Reformation das kirchliche Schauspiel ohne Einbezug der Massen nicht mehr überzeugend zu inszenieren. Jedoch wurden diese Massen in der frühbarocken Freskomalerei in himmlische Heerscharen umgedeutet. Von den Gläubigen wurde nicht die Identifikation mit einzelnen Gestalten erwartet, deren Wesen sie – durch Wahrnehmung vermittelt – erkennen sollten, sondern das überwältigte Akzeptieren einer bereits transformierten, im einzelnen undurchschaubaren Massenbewegung.

In den Kirchenfresken des 18. Jahrhunderts wird der Reflex des göttlichen Geschehens auf Erden stärker in den Vordergrund gerückt. Das bedeutet für die Form der Freskomalerei, daß die Kompositionen entlang dem Tambour der Kuppeln stärkeres Gewicht erhalten und in ihnen irdische Gefilde, Landschaften, Städte oder Gebäude und Erdenbewohner dargestellt werden, denen göttliche Schicksalsschläge zuteil werden. Die Kuppelwölbung dagegen, Ort der himmlischen Erscheinungen, wird vergleichsweise entvölkert. Diese Entwicklung ist zum Beispiel in der süddeutschen Freskomalerei festzustellen. Die neue Kompositionsweise findet sich aber auch bei González Velázquez, der in den fünfziger Jahren in Rom in der Kirche S. Trinità malte und vor Goya ebenfalls in der Pilarkirche in Zaragoza. Mit den irdischen Beschäftigungen, bei denen die Gestalten nun gezeigt werden, treten zweckgeleitete Gesten an die Stelle der allein psychische Erregungszustände und Kommunikation übermittelnden Gestik der barocken Malerei. So zeigt González Velázquez einen Steinmetz bei seiner Arbeit, dem ein Engel handfest und praktisch zur Seite steht und mit zupackt. Hier knüpft Goya mit seinen Fresken in Zaragoza an, auch noch mit seinem zweiten Auftrag für die Pilarkirche, den er 1780, bereits von Madrid aus, übernahm.

In den Fresken von 1771/72 in der Pilarkirche malte Goya die *Anbetung des Namens Gottes*; 1780 in einer Kuppel des linken Seitenschiffs derselben Kirche *Maria, Königin der Märtyrer*. Obwohl Goya hier noch allein himmlische Gestalten darzustellen hatte, bewegen sich und stehen seine Figuren doch auf den Wolken wie auf festem Erdboden. Der grobe Figurentyp, die handfeste, zugreifende Art, mit der sie ihre Heiligenattribute wie Handwerkzeuge halten und bewegen, ist von González Velázquez abgeschaut, ebenso wie die abrupten, eckigen Gebärden. Die psychische Skala, für die eine nuancenreiche rhetorische Gestik entwickelt worden war, wird gerade durch diese linkische Übertreibung auf dumpfes Staunen, plumpe Neugier und unterwürfige Demut reduziert.

Bei der stärkeren Einbeziehung irdischer Geschehnisse in die Freskomalerei des 18. Jahrhunderts, durch die Darstellung der Geschichte realer Menschen, wurden die ununterscheidbaren Helldunkelmassen geklärt, die das aufgeklärte 18. Jahrhundert an der barocken Kirchenmalerei kritisierte.[22] Besonders die Figuren in Goyas späterem Fresko verhalten sich je für sich, ihrem religiösen Impuls gemäß, wobei sie sich kaum auf ihre Nachbarn kommunikativ beziehen oder als quasi willenlose Wesen einer kunstvollen Regie untergeordnet zu sein scheinen.

Diese sich durchsetzende Individualisierung oder Abgrenzung der einzelnen Figuren innerhalb eines auf Massenwirkung bedachten Kontextes war bei diesen Kirchenmalern nicht so sehr Resultat einer reflektierten Übersetzung ethischer und ästhetischer Wertvorstellungen ins visuelle Medium wie bei den Klassizisten. Vielmehr setzten sich hier die objektiven Verhältnisse im wesentlichen durch, ohne daß die jungen Künstler aus der spanischen Provinz großen, subjektiven Entscheidungsspielraum gehabt hätten. Hatten die Jesuiten bei der Ausstattung ihrer Kirchen unter der Leitung eines verantwortlichen Künstlers viele ausführende Maler mitbeschäftigt, so mußte Goya seine Fresken allein fertigstellen, und er machte es, jedenfalls um den ersten Auftrag für die Pilarkirche zu erhalten, billiger als sein Konkurrent González Velázquez.[23] Schon diese Durchsetzung eines bürgerlichen Ökonomieprinzips

Maria, Regina Martyrum (Maria, Königin der Märtyrer).
Skizze für das Kuppelfresko in El Pilar, Zaragoza.
Zaragoza, La Seo (Museum der Kathedrale)

mußte Folgen für die Form der Fresken haben. Die Figurenzahl wurde dezimiert, der Zauber kärglicher.

Daß sich somit nur indirekt und unvollkommen eine Annäherung an Überlegungen der Klassizisten ergab, belegen die Schwierigkeiten, die Goya mit seinen Fresken von 1780 hatte, die von akademischer Seite scharf getadelt wurden, so daß Goya gezwungen war, seine Entwürfe zu erneuern.[24] Die Flüchtigkeit der Malweise wurde gerügt, die mangelnde «Dezenz» einzelner Figuren. Goya vereinfachte zwar rigoros die barokke Gestik und Gebärdensprache, dennoch gelangte er nicht zu einer neuen, am Modell studierten Körperauffassung, die den Idealen des

Klassizismus von Natur und Wahrheit entsprochen hätte. Seine mangelnde akademische Ausbildung konnte Goya nicht mehr nachholen, sondern nur kompensieren. Sein ganzes Werk wird das bezeugen. Diese Zwiespältigkeit teilte Goya mit einer Reihe von Künstlern der Übergangszeit zum Bürgertum des 19. Jahrhunderts, etwa Füssli und Blake, die sich wie Goya mittels einer «maßlosen» Figurensprache mit einer Welt des Glaubens und der Chimären auseinandersetzten, ohne noch im traditionellen kirchlichen Rahmen gebunden zu bleiben.

Diesseits der gelehrten barocken Rhetorik und Ikonographie fügt Goya in die himmlischen Visionen Elemente seiner religiösen und kirchlichen Alltagserfahrung ein, so das Motiv des weihrauchschwenkenden Engels, das ein Detail aus der kirchlichen Zeremonie darstellt, bei dem Thema der Fresken jedoch deplaciert war. Religiosität evoziert Goya kaum mehr als eine ideale Form des kommunikativen Verhaltens, mittels dessen auf himmlische Erscheinungen massenhaft reagiert wird. Unter seinen Händen werden es konventionelle, beobachtbare kirchliche Zeremonien, welche die Individuen einzeln im Banne halten und statt eine geistige Kommunikation zu bewirken, sich an Instinkte wenden. Dies wird in seinen späteren Werken noch deutlicher zutage treten.

Madrid

Sicherlich angesichts seiner ersten Erfolge in Zaragoza gelang Goya nun doch der Sprung an den Madrider Hof, und zwar auf Grund seiner Heirat mit Josefa Bayeu, der Schwester des Malers Francisco Bayeu im Juli 1773.[25] Ende 1774 siedelte er endgültig nach Madrid über, nachdem er seinen großen Auftrag, die Wandbilder in der Kartause Aula Dei bei Zaragoza, an denen er vom April bis November 1774 arbeitete, abgeschlossen hatte. Goya gab damit zunächst seine Selbständigkeit auf. Er lebte, wie es für den Jungvermählten selbstverständlich war, im Hause seines Schwagers in der Calle del Reloj im Zentrum Madrids und war diesem als dem Familienvater untergeordnet. Bayeu, der auf Grund eines aus Zaragoza eingesandten Gemäldes «académico de mérito» (Mitglied der Akademie) in Madrid geworden war und daraufhin 1763 von Mengs an den Hof berufen wurde und an den Fresken im neuen königlichen Palast mitarbeitete, war bereits 1765 «teniente director de pintura» (Direktor für Malerei) an der Akademie und 1767 Hofmaler geworden. In den sechziger und siebziger Jahren war er unentwegt mit der Ausführung von Fresken in den verschiedenen königlichen Residenzen beschäftigt, neben Madrid im Pardo und Aranjuez, das heißt also mit den ehrenvollsten Aufgaben.[26]

Seit Goya zu seinem Hause gehörte, fühlte Bayeu sich nun auch – anders als bei Goyas ersten Teilnahmen an akademischen Wettbewerben – für dessen Fortkommen verantwortlich.[27] Goya hätte wohl kaum seine Position in Zaragoza aufgegeben, hätte er nicht bereits feste Zusagen für eine Arbeitsmöglichkeit in Madrid von seinem Schwager bekommen. Zwar gab Goya später mit seiner am Hof entwickelten Neigung zur Hochstapelei an, Mengs, der berühmte Hofmaler, der von 1761 bis 1777 vorwiegend in Madrid arbeitete, sei es gewesen, der ihn an den Hof berufen habe. Wenn dies auch formal richtig war, so wird Mengs doch einem Vorschlag seines Schwagers gefolgt sein.[28]

Goya wurde ausschließlich als Maler der Teppichmanufaktur beschäftigt. Diese königliche Manufaktur, die gemäß den merkantilistischen wirtschaftlichen Richtlinien von dem Enkel Ludwigs XIV., Philipp V. von Spanien seit 1720 aufgebaut worden war, begann 1774, nach Mengs' Rückkehr von einem Rom-Aufenthalt, mit ihrer intensivsten und künstlerisch originellsten Arbeit.[29] Bislang waren hier im wesentlichen nur Teppiche hergestellt worden, die alte Teppichserien aus königlichem Besitz oder aber niederländische Bilder und Stiche kopierten. Dadurch, daß Mengs 1775 eine Reihe jüngerer Künstler anstellte, die ausschließlich für die Manufaktur arbeiteten und nicht wie die Hofmaler vor ihnen die Herstellung von Kartons als nachgeordnete Arbeiten handhaben konnten, begann die Arbeit der Manufaktur einen höheren künstlerischen Standard zu erreichen. Statt die niederländischen Vorlagen zu Teppichkartons aufzuarbeiten, gingen diese Maler dazu über, selbständige Erfindungen als Vorlagen für die Weber zu liefern. – 1777 baten Goya, Castillo und Ramón Bayeu, die in diesen Jahren die meisten Kartons ausführten, für diese Arbeit eine feste Anstellung und Bezahlung zu erhalten. Mengs unterstützte diese Petition, meinte aber, daß ein Teil der Besoldung weiterhin als «Stücklohn» ausgezahlt werden solle, damit ein Anreiz für die Ausführung qualitätvoller und zahlreicher Kartons gewährleistet sei.[30] Als Mengs in demselben Jahr Madrid endgültig verließ, wurden Francisco Bayeu und Maella – besonders der letztere ein treuer Adept Mengs' – die Aufsicht über die Kartonmaler übertragen, so daß Goya nun direkt seinem Schwager unterstellt war. 1786, nach dem Tode Vandergotens, des niederländischen Inhabers der Manufaktur, wurde deren Übernahme durch die spanischen Arbeiter diskutiert, aber letztlich nicht durchgeführt. Bei dieser Neuordnung der Organisation der Fabrik wurde auch die Stellung der Kartonmaler wieder erörtert. Goya und Ramón Bayeu wurde nun der Status «pintor del Rey» (Maler des Königs) zuerkannt, während Castillo, der ohne Protektion war, seine Arbeit verlor. Dieser Rang war niedriger als der eines «pintor de cámara» (Hofmaler). Erst 1789 wurde Goya von dem neuen König Carlos IV., der in diesem Jahr seinem Vater Carlos III. auf den Thron folgte, zum «pintor de cámara» ernannt, fünfzehn Jahre nach seiner Ankunft am Hofe. 1799 wurde er zusammen mit Maella «primer pintor de cámara».[31]

Goya, der zunächst voller Stolz und Befriedigung seinem Freund Zapater in Zaragoza über seine Arbeit für die Manufaktur berichtet hatte[32], sah in den achtziger Jahren längst, daß durch diesen untergeordneten Dienst quasi als Gewerbemaler sein Fortkommen und Ansehen schwerlich zu sichern waren. Er hatte daher eine Reihe weiterer Schritte unternommen, um seine Position am Hofe zu verbessern.[33] 1779 bewarb er sich um die Stelle des «pintor de cámara», die durch Mengs' Tod frei geworden war. Doch wurde ihm Maella vorgezogen. Goya solle mit der Herstellung von Teppichkartons fortfahren, «damit er seine Geschicklichkeit weiter unter Beweis stelle und damit die Gnade, mit der der gnädige König lohnt, verdiene»[34]. 1780 wurde er mit dem Gemälde eines Kruzifixus als Aufnahmestück, das sich eng an eine Komposition von Mengs hält[35], als «académico de mérito» in die Akademie aufgenommen. 1785 wurde er zwar «profesor de pintura» mit der Verpflichtung, den Schülern Unterricht zu erteilen[36], als aber 1788 ein Direktor für Malerei neu gewählt werden mußte, weil Antonio González Velázquez gestorben war, und Bayeu, Maella und Goya vorgeschlagen wurden, erhielt Bayeu zwanzig Stimmen, Maella sechs und Goya nicht eine einzige. Selbst noch 1804, als der Generaldirektor der Akademie gewählt werden mußte und Goya und Gregorio Ferro vorgeschlagen wurden, unterlag Goya seinem Rivalen, der einstimmig gewählt wurde.[37] Die häufigen Niederlagen sind Indiz dafür, daß Goya seine Chancen, in der höfischen Hierarchie aufzusteigen, unrealistisch einschätzte, daß er aber auch, als er bereits wichtige Hofämter innehatte, von seinen Kollegen isoliert war.

Dennoch waren die späten achtziger Jahre wohl die glücklichste und ausgeglichenste Zeit für Goya, in der er weitgehend im Einklang mit den Normen seiner Umwelt lebte. Er berichtet 1786 seinem Freund Zapater zufrieden über seine finanzielle Lage, die Zinsen seiner kleinen Anlage bei der Bank S. Carlos, das Gehalt der Akademie und die Bezahlung der einzelnen Aufträge: *... mit diesen Einnahmen bin ich so zufrieden wie der glücklichste Mensch.*[38] – 1780 schrieb er Zapater, was er an Wohnungseinrichtung für seinen etwa zweijährigen Aufenthalt in Zaragoza benötige, als er daranging, seinen zweiten Auftrag für die Pilarkirche auszuführen: *... viele Möbel brauche ich nicht; mir scheint, daß neben einem Stich der Heiligen Jungfrau Maria vom Pfeiler, einem Tisch, fünf Stühlen, einer Bratpfanne, einer Weinflasche, einer Guitarre, einem Bratofen, einer Kerze alles andere überflüssig ist.*[39] Mag dies auch nicht wörtlich zu verstehen sein, so ist die Reihenfolge der genannten Gegenstände doch aufschlußreich.

Während sein erster Sohn 1775 noch im Hause Bayeus geboren wurde, lebte Goya in den achtziger Jahren in einem Haus der Carrera de S. Jerónimo, das der Marquesa de Campollano gehörte.[40] Goya versuchte sich in diesen Jahren im Lebensstil eines Höflings. Er kaufte ein Pferd und eine Kutsche, die für den «paseo» der gehobenen Schichten, die Ausfahrt auf den Promenaden, auf denen sich zu Fuß oder halb versteckt im Wagen und um so neugieriger vom Volk in Augenschein genommen, zu bestimmten Stunden ganz Madrid versammelte, ein wichtiges Vehikel des Prestiges war. Seinem Freund Zapater beschreibt er voller Stolz diese Kutsche und seine erste Ausfahrt, die allerdings mit einem Unfall endete.[41]

Die Aufnahme in die Akademie, die mit der Verleihung des persönlichen Adels und seinen Privilegien verbunden war[42], erleichterte Goya den Zugang zur Aristokratie, deren wichtigste Vertreter dem Rat der Akademie angehörten. 1786 schreibt er an Zapater: *Ich habe nun mein Leben in beneidenswerter Weise eingerichtet. Ich antichambriere überhaupt nicht mehr. Wer etwas will, muß mich aufsuchen, ich mache mich rar, und wenn es nicht eine ranghohe Persönlichkeit ist oder ein Auftrag von einem Freund, arbeite ich für niemanden. Doch je mehr ich mich bitten lasse, um so weniger lassen sie mich in Ruhe, und ich weiß nicht, wie ich alles erledigen soll.*[43] Auch in dieser Briefstelle klingt das Bewußtsein eines Höflings durch, der aristokratische Allüren imitiert in seinem Stolz darauf, keine Arbeit suchen zu müssen. Dieses pseudoaristokratische Bewußtsein war gewiß eine Voraussetzung für Goyas zunehmende Beschränkung seiner Kunst auf selbstgestellte Aufgaben, wobei seine Abhängigkeit vom Markt noch marginal blieb.

Gewiß auf Grund seiner Mitgliedschaft in der Akademie wurde Goya an der Ausstattung der unter der Leitung von Sabatini und Ventura Rodriguez erneuerten Kirche San Francisco el Grande beteiligt, für die er 1781 ein großes Ölgemälde begann, ein Auftrag, über den Floridablanca wachte. Sein Porträt dieses Ministers von 1783, das sein erster großer Bildnisauftrag war, wird auf diesen Kontakt zurückgehen. In dasselbe Jahr fiel Goyas Aufenthalt in Arenas de San Pedro beim Infanten Don Luis, Bruder des Königs, der dort abseits vom Hofe mit seiner Familie lebte. Goya führt hier eine ganze Reihe von Porträts der Familienangehörigen des Infanten aus. Die großen alten Adelsfamilien der Osuna, Medinaceli und Altamira bestellten von 1785 an Porträts, religiöse Gemälde und Genrebilder bei Goya.[44] 1785 bis 1788 malte er zudem eine Reihe Porträts für die Banco de San Carlos, darunter sein erstes *Königsporträt* und das *Bildnis des Conde de Cabarrus*, der Direktor der Bank war und einer der wichtigsten Wirtschaftstheoretiker und Reformpolitiker unter Carlos III.[45] Mit Jovellanos, einem der bedeutendsten Theoretiker der spanischen Aufklärung, verband Goya bald eine enge Bekanntschaft.[46] Damit hatte Goya nicht nur die gesellschaftlich tonangebenden aristokratischen Familien kennengelernt, sondern auch eine Reihe der hervorragendsten Politiker und Aufklärer seiner Zeit, die unter Carlos III. eine Reformpolitik betrieben, die vor allem den Aufbau einer modernen Wirtschaft und die Verbesserung des Bildungssystems und des kulturellen Niveaus in Spanien zum Ziele hatte. Durch die Begünstigung des Manufakturwesens, eines freien Unternehmertums, durch das die Zünfte verdrängt und aufgelöst werden sollten, wurden Ansätze zur Überwindung des Feudalismus durch eine bürgerliche Gesellschaft als Konsequenz der absolutistischen Politik unter Carlos III. erkennbar.[47]

Trotz seines Zugangs zu diesen Kreisen, und obwohl Goya etwa davon berichtet, daß er auf dem Landsitz der Osuna und des Infanten Don Luis an Jagd und ländlichen Vergnügen beteiligt wird[48], kann man nicht davon ausgehen, daß er auch in die Diskussionszusammenhänge einbezogen worden wäre und als quasi Gleicher unter Gleichen – wie etwa Bürgerliche in den französischen aristokratischen Salons verkehrten – sich hätte bewegen können. Mit der Geisteswelt, den Entwürfen und Fragestellungen der Aufklärung seiner Zeit mußte er sich sehr viel mühsamer und einsamer vertraut machen. Es war vielmehr die Nähe eines Domestiken, die die Granden ihm gewährten. Er selbst suchte in diesen Kreisen (zunächst) nur Erfolg und Anerkennung, und zwar als Bestätigung in seiner untergeordneten Rolle. Dabei machte er sich über seinen Erfolg zunächst Illusionen. In dem «Wettbewerb» bei der Ausstattung von S. Francisco el Grande, an der alle namhaften Madrider Maler beteiligt wurden, bezeichnete er sich als Sieger.[49] Alle Intellektuellen und ebenso das große Publikum seien voll des Lobes für sein Bild. Dem widerspricht die abschätzige Bemerkung Floridablancas, der alle Bilder minderwertig fand, wenngleich er die von Goya, Ramón Bayeu und Castillo noch für die am wenigsten mißglückten hielt. Das *Porträt Floridablancas*, das Goya mit soviel Hoffnungen ausführte, brachte ihm gar nichts ein als die vage Bemerkung des Conde, «Goya, wir werden uns noch ausführlicher sprechen», auf die dieser nie zurückkam.[50] – Der Infant Don Luis speiste ihn mit einer sehr geringen Summe für die zahlreichen Bildnisse, die Goya für ihn ausführte, ab und gab ihm zusätzlich ein Geschenk für seine Frau mit. Den viel zu hoch angesetzten Wert dieses Geschenks, den der Mayordomo des Infanten ihm nennt, nimmt Goya, gutgläubig und voll Bewunderung, ernst.[51] Obwohl die spanische Aristokratie gewiß relativ offen für den Umgang mit sozial niedriger Stehenden war und dabei keine bürgerlichen «Berührungsängste» kannte, so bedeutete dies doch keineswegs, daß sie soziale Schranken außer acht gelassen hätte. Eine im bürgerlichen Sinne gleichrangige Kommunikation erreichte und erstrebte Goya mit den Adligen nicht.

Diese Haltung Goya gegenüber entsprach der Meinung der Granden und Intellektuellen über die bildenden Künstler ihrer Zeit insgesamt. Im Rahmen der Akademie fallen zahlreiche verächtliche Bemerkungen über die spanischen zeitgenössischen Künstler. Selbst Iriarte, den Goya 1797 porträtierte und unter dessen Bildnis er die Widmung setzte ... *als Zeichen der gegenseitigen Wertschätzung und Freundschaft* ... äußerte sich jedenfalls 1792 noch geringschätzig über Maella und Bayeu, die er immerhin als die besten Maler Spaniens bezeichnet, während er Goya überhaupt nicht erwähnt.[52] Die Professoren der Akademie werden von den Adligen im Rat wie Halbzivilisierte betrachtet, die es zu bändigen gilt. In der Tat sind Beleidigungen und Schlägereien unter den Professoren nicht selten; eine höfliche Diskussion wurde eigens lobend hervorgehoben.[53] Der aufgeklärte Adel wie auch die bürgerlichen Intellektuellen sahen in diesen Professoren ungenügende Werkzeuge, ihren eigenen kulturellen Bedürfnissen und ihrem geschmacklichen Niveau zu entsprechen, um dem Ausland gegenüber als Kulturträger bestehen zu können. Dabei war das Unterscheidungsvermögen dieser Schicht – vergleicht man etwa mit französischen Kritikern derselben Zeit – nicht allzu differenziert[54], und darin lag wieder die Chance für einen so unorthodoxen Maler wie Goya, überhaupt Arbeitsmöglichkeiten zu bekommen. Wohl aber stand ihre kulturpolitische Forderung fest, daß die Aufklärung, und das hieß der Klassizismus, in den Künsten durchgesetzt werden müsse. Ihr Kampf galt in der Architektur und der Skulptur dem barocken Churriguerrismus, den unter anderen Ceán Bermúdez immer wieder geißelte und der den Aufklärern für finsteres, groteskes Mittelalter stand. In der Malerei konnten seit Mengs' Wirken am Hof, der schon Giaquinto und Tiepolo in den Schatten gestellt hatte, diejenigen Maler, die dem neapolitanisch-aragonesischen spätbarocken Kunstkreis angehörten und aus ihm nicht herausfanden, wie etwa Castillo und González Velázquez, mit keiner dauerhaften Position am Hofe mehr rechnen.[55]

Aber auch unter seinen Kollegen hatte Goya keinen leichten Stand, wie aus den erwähnten Mißerfolgen bei verschiedenen Wahlen hervorgeht. Die Akademie war zwar das Instrument des Hofes gewesen, die Gebundenheit der Künstler in den Zünften zu durchbrechen, unter anderem, um einfachere, zentral steuerbare Arbeitsverhältnisse herzustellen. Aber so wie der Hochadel die «Gleichmacherei» und den Abbau differenzierter Privilegien am Hofe beklagt, so versuchen auch die Künstler der Akademie hierarchisierte Rechte aufrechtzuerhalten und die Entwicklung zur bürgerlichen Rechtsstellung gleicher Untertanen, die durch den absolutistischen Hof vorbereitet wird, aufzuhalten.[56] Dabei war es nur der Übergang von einer formalisierten, festen Hierarchie mit dauerhaften Privilegien zu einer eher informellen, labilen Rangabstufung, der sich anbahnte, aber diese Institution doch zu einem schwer durchschaubaren Instrument der Durchsetzung eigener Interessen machte. So waren die Interessenverflechtungen zwischen Künstlern und den im Rat regierenden Adligen vielfältig und wechselnd. Bei der Abfassung der Statute war es 1757 nicht gelungen, die Akademie zu einer eindeutigen Interessenvertretung der Künstler und damit zu einer de facto bürgerlichen Institution zu machen. Der «protector» (Schirmherr)

– diese Stelle wurde stets von dem Außenminister eingenommen – und die «Ratgeber» (consiliarios), das heißt der Adel, hatten sich die wichtigsten Rechte vorbehalten. Dennoch war es Mengs gelungen, in seiner klaren Frontstellung gegen den Feudaladel den Willen der Künstler an der Akademie zu vereinheitlichen und damit noch einmal zu versuchen, die Akademie allein als Institution künstlerischer Interessen zu handhaben. Dies konnte Mengs sich leisten, weil er, einer der berühmtesten Künstler Europas, nicht mit den einheimischen, als Handwerker eingeschätzten Malern gleichgesetzt wurde und der Unterstützung des Königs gewiß war. Denn er war künstlerischer Exponent der Reformpartei am Hofe – zum Beispiel genoß er die Protektion Campomanes' –, die der König gegen den widerspenstigen Feudaladel unterstützte.[57]

Eine derart klare bürgerliche Klassenposition wie Mengs und der ihm geistesverwandte Bildhauer Castro vertrat keiner der nachfolgenden spanischen Künstler am Hofe. Goya beteiligte sich nur selten an den Auseinandersetzungen in der Akademie. Er ergriff die Partei der Kollegen, wenn es um die Durchsetzung der künstlerischen Wertschätzung (die sich finanziell auswirkte) ging.[58] Den größten Wert legte er zunächst darauf, seine eigene Unabhängigkeit zu sichern. Sobald er «Maler des Königs» geworden war, lehnte er es ab, sich dem Urteil Maellas und Bayeus auch nur formal zu unterstellen.[59] Um seine Fresken in Zaragoza kommt es 1780/81 zu einer erbitterten Auseinandersetzung über die künstlerische Kompetenz. Gegenüber der Jury in Zaragoza, die Bayeu als Gutachter heranzieht, pocht Goya auf seine Ehre als Akademiker und Professor, die durch die Kritik an seinen Entwürfen verletzt worden sei. Das neue Privileg als freier Künstler, das er durch Aufnahme in die Akademie erworben hat, legt er so aus, daß niemand Forderungen an seine Kunst zu stellen habe. Bayeu lehnt er als Kritiker ab, da alle akademischen Künstler gleichgestellt seien, Bayeu ihm also nicht übergeordnet sei.[60]

Indem Goya Positionen am Hof und in der Akademie anstrebt, will er sich nicht so sehr die Möglichkeit verschaffen, in politischer und kommunikativer Solidarität mit seinen Kollegen wie Mengs ästhetische und ethische Wertvorstellungen des Bürgertums durchzusetzen, das seine Emanzipation noch über die Unterstützung durch den Hof anstrebte. Vielmehr ist ihm in diesen Jahren – seinem sozial kaum erst gesicherten Status gemäß – der Habitus des egoistischen Höflings eigen, der eifersüchtig und zunehmend mißtrauisch auf die Absicherung seiner Privilegien und Ausdehnung seiner Unabhängigkeit bedacht ist.[61]

Religiöse Darstellungen

Die neue Kirche der Franziskaner in Madrid, San Francisco el Grande, war seit den siebziger Jahren auf Befehl Carlos' III. von den Architekten am Hof, Ventura Rodriguez und Sabatini, errichtet worden. Der Bau dieser Kirche hatte zu einer der ersten Kraftproben zwischen der Akademie und den von ihr vertretenen Prinzipien sowie den Baumeistern der Zunft geführt. Ihre Ausstattung mit Altarbildern wurde den Malern der Akademie anvertraut.[62]

Das Thema wurde den Malern offenbar nur in sehr allgemeiner Form vorgegeben. So sollte Goya ein Motiv aus dem Leben des heiligen Bernhard von Siena malen.[63] Die meisten Maler beschränkten sich bei ihrer Motivwahl auf die Darstellung der kirchlichen Sphäre. So malte Castillo die Begegnung der Heiligen Franziskus und Dominikus vor einer vage angedeuteten Kirchenfassade, dazu wenige Zuschauer, Putten und Engel. Goyas Darstellung dagegen zeigt den *Heiligen Bernardino von Siena* vor Alfons V. von Aragón, der das Königreich Neapel regierte und ein Zeitgenosse des Heiligen war.[64] Kirche und Hof werden also einander gegenübergestellt – ein angemessenes Thema für einen Auftrag, der vom Hofe kam, jedoch für eine Ordenskirche bestimmt war. Wie Goya in seinem Schreiben an Floridablanca darlegte, ging es ihm darum, seiner Komposition, entsprechend den klassizistischen Kompositionsprinzipien, Gleichmaß und Ausgewogenheit zu verleihen, und zwar durch das dafür kanonisierte Schema der Pyramidalkomposition. Die Sorgfalt, die er auf die Vorbereitung des Bildes verwendete, deutet darauf hin, daß Goya eine zweite Maßregelung durch die Klassizisten am Hofe vermeiden wollte. Dennoch läuft die unbewußte, aber prägende Sozialisation seiner Wahrnehmung sowie der visuellen Sprache, in der er sie zu vermitteln vermag, dieser bewußten Intention, am Hofe und bei den Intellektuellen zu bestehen, zuwider. Goya erhöht die dunkle Silhouette des Bettelmönchs hoch über alle anderen Gestalten. König Alfons, der tief unter ihm kniet, verehrt in ihm bereits den nachmaligen Heiligen. Er ist in keiner Weise gleichrangig, sondern allein stummer, demütiger Zuhörer des Predigers. Eher noch treten die Höflinge hervor, die ihn vorn umstehen, unter denen sich Goya selbst, ebenfalls als Hofmann gekennzeichnet, dargestellt hat. Allerdings sind auch sie mit ihren staunend geöffneten Mündern, ihrem tumben Gesichtsausdruck völlig im Banne des Mönchs und nicht eben vorteilhaft gezeigt. Zum Hintergrund hin ist die Grenze zwischen Hofstaat und Volk nicht klar gezogen. Die Erfahrung Goyas von dieser komplexen Institution, die halb Madrid umfaßte und deren Grenzen und Hierarchien schwer abschätzbar waren, mag sich in dieser mangelnden Unterscheidung niedergeschlagen haben. Die Höf-

Heiliger Bernardino von Siena (Ausschnitt).
Madrid, San Francisco el Grande

linge im Vordergrund, der König durch sie halb verdeckt, über allen die überragende und beherrschende Figur des Volkspredigers – das ist die Bedeutungsperspektive dieses Bildes, die den inhaltlichen Intentionen des neoklassizistischen Kompositionsschemas durchaus zuwiderläuft. Goyas Kenntnisse von der Macht der unterschiedlichen Klassen oder Schichten bzw. ihre unbewußte Einschätzung durch seine sozial bedingte Wahrnehmung unterläuft hier seinen Versuch, der ponderierten höfischen Perspektive zu genügen. Es war nicht verwunderlich, daß der aufgeklärte Minister Floridablanca, der alles daran setzte, eine von der kirchlichen Lehre emanzipierte Bildung zu verbreiten, von dem Bild nicht begeistert war.

Goya, der 1787 an Zapater schrieb, daß man am Hofe weiterhin den *architektonischen Stil* pflege[65], bemüht sich auch in seinen nächsten Kirchenbildern, für die er wiederum vom Hof den Auftrag erhielt, diesem klassizistischen Stil zu genügen. In seinen drei *Altarbildern für die Kirche Santa Ana in Valladolid*, die Sabatini 1783 errichtet hatte, stellte er die heiligen Zisterziensermönche Bernhard von Clairvaux und Robert dar sowie die heilige Ludgarda und den Tod des heiligen Josef.[66] Sind auch hier Proportionen und Körperglieder nach klassizistischer Norm verzeichnet, so sind doch an die Stelle der ungeschlachten Figuren zartere Gestalten getreten. Die Gewänder der Mönche sind fein gefältelt, die Hände feingliedrig, die Gebärden verhalten und sensibel. Die Gesichter sind ebenmäßig aristokratisch, die Affekte gedämpft. Nie wieder hat Goya eine Sterbeszene derart friedvoll dargestellt.

Porträts

Goya hat mit dem *Bildnis Floridablancas* (1783) zugleich versucht, sein eigenes Verhältnis zu diesem allmächtigen Minister, und das hieß zum Hofe, zu definieren. Das Bildnis ist szenisch angelegt: es stellt eine Audienz dar, die Floridablanca zusammen mit dem Architekten Sabatini dem Maler gewährt, um dessen Entwürfe für das Altarbild in San Francisco el Grande zu begutachten.[67] Goya interpretiert diese Audienz keineswegs als Gelegenheit für eine Diskussion unter Sachverständigen. Vielmehr nähert er sich dem Minister als Höfling, devot, deutlich kleiner proportioniert als Floridablanca. Den Blick zu ihm erhoben, wartet er auf eine Reaktion des Ministers. Diese ist ihm wichtiger als die Erläuterung seiner eigenen künstlerischen Intentionen. Goya unterwirft sein Werk allein dem Urteil des Ministers, das eher als ein Gnadenerweis denn als sachkundige Begutachtung aufgefaßt wird, nicht aber wird es dem allgemeinen Publikum zur Diskussion präsentiert. Der repräsentative Stil eines Staatsporträts wird nur scheinbar durch eine kommunikative Situation durchbrochen. Nur mit einer leichten Gebärde sei-

Conde de Floridablanca und Goya. Madrid, Banco de Urquijo

ner Hand, die eine Lupe hält, ist der Dargestellte Goya zugewendet. Die Hierarchie des Hofes wird nicht durchbrochen, sondern von Goya, der seinen Platz in ihr fordert und sich ihr einfügt, bestätigt.

Bei dem ein Jahr später, 1784, gemalten *Porträt des Architekten Ventura Rodriguez* weist Goya auf die Position des Dargestellten ähnlich ostentativ hin. Nicht durch den Vollzug seiner Arbeit oder den Habitus wird er charakterisiert, sondern durch Embleme, Attribute neben ihm, wie den Grundriß und die unförmige Säule, auf die er hinzeigt, wohl um seine Parteinahme für den Klassizismus zu demonstrieren.

Charakteristisch für diese frühen Porträts, insbesondere die männlichen, ist ihre hölzerne, unbewegte und unelegante Haltung. Sie läßt sich auch bei den Ganzfigurenporträts des Grafen Altamira und Cabarrus der Banco de San Carlos feststellen. Goya sieht diese bedeutenden oder ranghohen Zeitgenossen wie Monumente, die neben ihrem Werk stehen und hinter der Maske des Höflings nichts von ihren Gedanken und psychischen Regungen und Einstellungen erkennen lassen.

Eleganter, zuweilen sogar ungezwungen in ihrer höfischen Pose malt Goya die Damen der Gesellschaft, die er – wie auch seine Kinderbilder – mit Vorliebe in die freie Natur oder doch vor landschaftlichen Hintergrund stellt. In den Salons der Damen des 18. Jahrhunderts galten alle gleich; dies war deren wichtige integrierende und befreiende Funktion.[68] Die Herzoginnen von Osuna und Alba protegierten nicht nur die Künstler, sondern mit besonderem Engagement auch die großen Stierkämpfer ihrer Zeit. Die Alba huldigte zudem dem Majismo.[69] Es scheint daher, daß Goya trotz den von ihm beachteten Rangunterschieden die Frauen dem Ideal einer natürlichen Menschlichkeit näher sah, und ihr Verhalten scheint ihm daher zugänglicher gewesen zu sein.

Die Marquesa de Pontejos, die Goya um 1786, zur Zeit ihrer Heirat mit Francisco Moñino, dem Bruder Floridablancas, porträtierte, hat er inmitten eines französischen, zart angedeuteten Parks gemalt. Mit einer Blume in der zierlich gespreizten Hand ist sie als Belle Jardinière gekennzeichnet, wobei aber auf die raffinierte Eleganz der französischen Mode nicht verzichtet wird. Der modischen Kleidung widmet Goya in diesen Jahren – gemäß seinem allmählich geschulten Blick für Zeichen des gesellschaftlichen Ranges – seine ganze Aufmerksamkeit. Indem er die soziale Zeichensetzung, die der höfische Putz bedeutet, zu beachten lernt, übertreibt er dessen Vorrang zuweilen fast bis zum Grotesken: so den gewaltigen Kopfputz der Duquesa de Benavente und besonders den der Königin María Luisa, die Goya anläßlich ihrer Thronfolge 1789 zum erstenmal darstellte.

Als Gegenbild zur höfischen Inszenierung des Madrider Stadtadels ist das Kinderbildnis der Tochter des Infanten Don Luis, der späteren Condesa de Chinchón, zu verstehen. Durch die altspanische Tracht, die Mantilla um Kopf und Schultern, in der Goya auch ihre Mutter, Doña María Teresa de Vallabriga, dargestellt hat, signalisiert schon die Kleidung eine bewußte Distanz zur französisierten Mode der städtischen Residenz. Das Kind steht vor der unkultivierten, «erhabenen» Landschaft der Sierra, die Goya weniger gedämpft, fern und kontrastarm malt als seine Parks. Die Natürlichkeit der Berge und des Kindes (als Qualität

Ventura Rodriguez. Stockholm, Nationalmuseum

diesseits sozialer Positionen und Herrschaft verstanden) verbindet sich zu einer unklassischen Schönheit, in der eher mystische Einklänge evoziert werden. So ist dies Kinderbildnis ein Dokument der aristokratischen Romantik, in welcher der Stadtadel seinem früheren Landleben nachhängt und es in utopischer Irrealität zu wiederholen sucht.[70]

Allerdings hat der Infant Don Luis tatsächlich zu dieser früheren Lebensform des Feudaladels zurückkehren müssen. Da er dem geistlichen Stand entsagt hatte, um mit seiner Frau zusammen zu leben, hatte er sich vom Hofe zurückgezogen. Diese Trennung vom Hofe haben Auftraggeber und Maler als eine positive Differenz, als eine Rückkehr zur

Marquesa de Pontejos.
Washington, National Gallery

María Teresa de Borbón. Washington, National Gallery

altspanischen Tradition, die zugleich als Rückkehr zur Natur verstanden wurde, zu definieren gewußt.

Die Verhaltenheit und Affektdämpfung, die Goya in diesen Porträts erreicht, die Genauigkeit und Raffinesse, mit der er besonders bei den Damen den Attributen des Ranges nachgeht, waren Qualitäten, die die Aristokratie zu schätzen wußte. Hier, bei der Konzentration auf isolierte Personen, gelingt es Goya, sich Mengs' Stil ganz anzueignen. Allerdings scheinen diese Personen auf Goyas Bildern ihre höfische Pose kaum mehr als zweite Natur zur Schau zu tragen. Die vergleichsweise eckigen Bewegungen[71] und bei aller Eleganz doch schrofferen Konturen, die vereinfachen und schematisieren, lassen diese Pose zwanghaft oder maskenhaft erscheinen, so daß die Zwiespältigkeit dieser Klasse, die französischen Lebensstil imitierte, aber keineswegs an politische und soziale Konsequenzen ihrer aufgeklärten privaten Lebensweise dachte, kaschiert erscheint. Seelenerforschung konnte die Sache dieser höfischen Gesellschaft nicht mehr sein. So mußte Goyas Kunst jener Jahre mit ihrer uneingeweihten Annäherung an seine Modelle, in der Bewunderung und Verständnislosigkeit kaum unterscheidbar sind, dieser Gesellschaft gerade recht sein.

Condesa-Duquesa de Benavente. Madrid, Sammlung March

Die Darstellungen der Madrider Majos und Majas, die Goya als Teppichvorlagen für die Manufaktur 1776 mit seinem «Picknick» einführte, bedeuteten den Übergang von den internationalen Tenieren (Teppichen nach Teniers), die zuvor neben höfischen Serien auch an der Madrider Manufaktur gewebt worden waren, zu spezifisch spanischen Themen. In den folgenden Jahren stellen die Kartonmaler nur noch die Feste, Spiele und Promenaden des Madrider «Volkes» dar, insbesondere seiner Idealfiguren, der Majos und Majas. Die Motive sind Wäscherinnen und Holzfäller, Ball- und Kartenspiel, Stelzenlaufen und Stierkampf der Majos, Kinderspiele, Picknick und Spaziergang. Erstaunlich ist, daß diese volkstümlichen, bunten Bilder Eingang in die königlichen Residenzen fanden, für welche die Teppiche bestimmt waren. Denn sie entsprachen in keiner Weise der höfischen Tradition einer Schloßausstattung, bei der mythologische, allegorische, historische und seit dem späteren 18. Jahrhundert allenfalls bukolische Themen die Regel waren. Hinzu kommt, daß Carlos III., zu dessen Regierungszeit diese Bilder entworfen wurden, es haßte, einen Majo in seinem weiten Umhang zu sehen, wie ein Reisender zu berichten weiß.[72]

Als der König 1766 diese Capa und den großen Schlapphut, die zur Tracht des Majos gehören, verbieten ließ, war dies das auslösende Moment eines Aufstands der Madrider untersten Klassen. Er wurde von dem spanischen Feudaladel gelenkt oder zumindest ausgenutzt, um die zentralistische, absolutistische Politik des Königs zu torpedieren, die zu einer Zurückdrängung der Macht der spanischen Granden führte und sich zum Beispiel auch in seiner Bevorzugung italienischer Ratgeber bemerkbar machte. Carlos III. war nach diesem Aufstand gezwungen, dem Feudalismus Zugeständnisse zu machen. – In der Kulturpolitik gaben seine Reformpolitiker dem Traditionalismus nach, vor allem in den öffentlichen Theatern, wo ebenfalls in volkstümlichen Stücken die Majos und Majas erfolgreich gefeiert wurden, mit dem es die klassizistischen Stücke nicht aufnehmen konnten.[73]

Diese Symbolfiguren einer alten spanischen, «reinrassigen»[74] Tradition mißtrauten allem Fremden, insbesondere der mit der Aufklärung eingeführten französischen Lebensart. Die französische Mode übernahmen sie nicht, sondern hielten an der traditionellen spanischen Tracht mit knapper Weste, bunter Schärpe, dem Haarbeutel oder Schlapphut und weitem Umhang fest. Die Maja trägt die spanische Mantilla, oft auch ein breites Tuch um die Hüfte geschlungen.

Ein Majo wird im 18. Jahrhundert als ein Geck beschrieben, der durch Kleidung, großsprecherische Reden und Draufgängertum auffallen will.[75] In diese Idealfigur des feudalistischen Spaniens im 18. Jahrhundert waren Züge des «pícaro», des Helden der Schelmenromane des

17. Jahrhunderts, eingegangen. Der Schelm war ein Typ des niederen Volkes, der Bettler und Vagabunden, des Lumpenproletariats. In diese Gestalt projizierte der Adel, vor allem das verarmte Rittertum (die hidalgos, der Landadel) ihre eigenen Privilegien, das Ideal des freien, ungebundenen Lebens, ihre Verachtung einer bürgerlichen geregelten Tätigkeit, aber auch die Not eines Lebens im Kampf um das Existenzminimum. Ein empfindliches Ehrgefühl, protziges, selbstsicheres Auftreten, die stete Bereitschaft, sich im Einzelkampf hervorzutun und die Verachtung ehrlicher Arbeit kennzeichnen auch noch die Idealfigur des 18. Jahrhunderts, den Majo, mit dem sich nun weniger der verarmte Hidalgo vom Lande als vielmehr der am Hofe aufwendig lebende, aber seiner politischen Macht weitgehend verlustig gewordene Adel identifizierte. Allerdings ist davon auszugehen, daß der «Majismo», der im Adel seine Anhänger hatte, auch im Volk verankert war. Durch die Zahl verarmter, oft von Bettelei in den Städten lebender Hidalgos waren aristokratische Lebensauffassung und Moralbegriffe in den Städten mit denen des Lumpenproletariats verschmolzen worden. Reisebeschreibungen, die in das zwielichtige Milieu der Madrider Hintergassen und Kneipen führen, bestätigen das.[76] Aber auch in den Bildern der Kartonmaler werden wir mannigfache Übergänge von den heiteren Spielen «aristokratischer» Majos zu Rauferei, Banditen- und Schelmentum feststellen können.

Der Majismo erlebte in den Jahren nach 1775 in den verschiedenen kulturellen Bereichen eine Blütezeit. Nicht nur durch die Kartonmaler, sondern auch durch ein großes Stichwerk der Akademie, das Juan de la Cruz, Bruder des Dichters Ramón de la Cruz, herstellte, wurden die Majos und andere altspanische Typen, Handwerker und Gesinde dargestellt. Gleichzeitig traten Majos und Majas in den erfolgreichen Theaterstücken von Ramón de la Cruz auf. Je mehr der Adel aus den höchsten Staatsämtern verdrängt und zur Privatisierung in der Stadt gezwungen worden war (wobei es die Reformer jedoch nicht erreichten, seine Existenzgrundlage, die riesigen territorialen Besitzungen, anzutasten), desto stärkere kulturelle Ausstrahlkraft entwickelte er in der Residenz. Eine ganze Kultur der Geselligkeit entsteht, die nicht nur auf die Adelskreise beschränkt bleibt. Die vielen Besuche, Spazierfahrten, Freundschaftsbekundungen und nichtigen Gespräche und Galanterien sind häufig im 18. Jahrhundert beschrieben und kritisiert worden.[77] In dem Majismo äußerte sich die auf den kulturellen Bereich abgedrängte Opposition des Adels gegen die Reformpolitik des Königs, in deren Traditionalismus durchaus auch revolutionärer Sprengstoff verborgen war. Diese Kultur gewann einen Entwicklungsfreiraum, seit Floridablanca die Regierung führte, der nachsichtiger gegenüber diesem feudalen, antifranzösischen Traditionalismus war und sein mußte, der vom Volke mit getragen wurde.[78]

In Spanien war im Unterschied zu Frankreich – jedenfalls zur Zeit

Ballspiel (Teppichkarton).
Madrid, Prado

Ludwigs XIV. – keine derart straffe Organisation erreichbar, die auch die Kulturschöpfung strikt in den Dienst des Absolutismus gestellt hätte. Das läßt sich zum Beispiel an der unterschiedlichen Organisation der Madrider Teppichmanufaktur im Vergleich zu den Pariser Gobelinwerkstätten nachweisen. Zwar nahmen die Kartonmaler am Hofe eine sehr niedrige Stellung ein, doch waren sie in ihrem Bereich freier als die zahlreichen spezialisierten Maler, die unter Lebrun genau nach dessen Entwürfen arbeiten mußten.

Floridablanca sah als kulturelle Aufgabe nicht so sehr die Verherrlichung des Königtums als vielmehr die Ermöglichung bürgerlichen Fortschritts. So förderte er die Teppichproduktion, forderte aber keine auf die Monarchie bezogenen Darstellungen im hohen Stil. Zwischen akademischer Kunst mit moralischem Anspruch und bloß fabrikmäßiger Gebrauchskunst zur Dekoration unterschied er zudem.[79] Der Hof wird in diesen neuartigen, ihm «von unten» oktroyierten Dekorationssystem allenfalls die Manifestation eines glücklichen Volkes gesehen haben, durch die seine Herrschaft nur legitimiert werden konnte. Es ist jedoch nicht zu übersehen, daß Goyas Bilder diesem Anspruch nicht völlig ge-

nügen, daß er vielmehr Darstellungen präsentiert, die der damaligen politischen Diskussion unterlagen.

Goyas Erfahrungshorizont wird in den Jahren seiner Arbeit an den Kartons über die volkstümliche Kultur Madrids kaum hinausgegangen sein: Stierkampf, Wirtshäuser, in denen neue Lieder vorgeführt wurden, volkstümlicher Tanz, Spaziergänge auf den Madrider Promenaden waren neben seiner Arbeit die wesentlichen Kommunikationsmöglichkeiten.[80]

Die Kirchenmalerei, in der er bisher hervorgetreten war, half ihm wenig bei der Meisterung der neuen Aufgabe. An der Madrider Manufaktur waren die Teniers-Imitationen, deren Rezeption im 18. Jahrhundert mit der der pikaresken Tradition verschmolzen worden war, schon durch Castillo modernisiert worden, indem dieser die flämischen Bauern durch Figuren in spanischer Tracht ersetzte. Zudem waren Elemente der französischen Genremalerei aufgegriffen und die Bilder auch hiermit dem ästhetischen Bedürfnis einer verstädterten Lebenskultur der Aufklärungszeit angenähert worden.[81] Diese Übersetzung der niederländischen Themen in das zeitgenössische spanische Milieu war Ergebnis selbständiger Erfindungen der Kartonmaler und ermöglichte zugleich das Einfließen ihrer eigenen Perspektive und Erfahrungen in diese Bilder. Hier fand Goya also bereits Anknüpfungsmöglichkeiten vor.

Goya ist nun unter den Kartonmalern derjenige, der seine Majo-Figuren am deutlichsten als Repräsentanten des niederen Volkes interpretiert. Ihre Aristokratisierung bleibt auf seinen Bildern am unvollkommensten. Häufig kommen dissonante Motive und zwielichtige Gestalten vor, wie Streit beim Kartenspiel, Rauferei vor einem Wirtshaus, Weinbrandverkäuferin und Tabakschmuggel. Sie führen in Sphären, wo sich der Majismo mit dem Banditentum berührt. Selten sind bei Goya Szenen der Klassenbegegnung, die Castillo so problemlos und heiter darzustellen weiß: etwa der Spaziergang vornehmer Damen und Herren, die bei den fliegenden Händlern kaufen. Goya dagegen stellt sie steif, distanziert, nahezu brüsk gegenüber. Der vornehme, französisch gekleidete Offizier, der seine Maja ausführt, wird von ihr und ihren Freunden zum Besten gehalten. Goyas Majos tragen all die Eigenschaften selbstbewußt zur Schau, die ihnen von der aufgeklärten bürgerlichen Kritik als Laster angekreidet wurden: unelegantes Benehmen, rohe Sitten. Dicke Zigarren rauchend, die Gesichter halb hinter Capa und Hut verdeckt, voller Mißtrauen und Eifersucht gegeneinander, so treten sie auf. Einzeln, des höfischen aufeinander Reagierens und miteinander Kommunizierens unfähig, stellt Goya sie dar, nur die Regeln des eigenen Sichdurchsetzens scheinen sie zu akzeptieren. Der neoklassizistischen Forderung nach Einheit der Komposition, in der leicht überschaubar die Teile sich aufeinander beziehen und harmonisch abgestimmt werden, mit der die bürgerliche Vorstellung der Versöhnung des Individuellen mit dem Allgemeinen in die Ästhetik übersetzt wird, genügen diese Bilder nicht. Dick aufgetragene, wenig differenzierte und harmonisierte Farben unterstreichen bei Goya den derben Prunk dieser Helden eines frühen anarchischen Individualismus.

Jedoch rückt Goya von dieser Malweise und Motivik seit den späten achtziger Jahren immer deutlicher ab. 1786, als die Umorganisation der Manufaktur diskutiert wird, kritisieren die Maler die bloß handwerkliche Einschätzung ihrer Arbeit, bei der ihre Individualität verkannt werde; zugleich aber auch die Unschicklichkeit mancher Darstellungen der Kartons.[82] Bayeu und Maella vertreten mit dieser Kritik den Standpunkt der Akademiker, welche die Nobilitierung der Malkunst durch eine idealisierende (d. h. de facto klassizistische) Darstellungsweise und Topik erreichen wollen. Soweit dabei die Freiheit und Würde der Kunst erstritten werden sollte, war Goya mit den Akademikern einig.

Goyas spätere Kartons sind trotz zunehmender Vereinfachung raffiniert komponiert. Die Figuren treten zu überschaubaren, oft statuarisch anmutenden Gruppen zusammen. Häufig ordnet er die Figuren in auf-

Der Schneesturm (Teppichkarton). Madrid, Prado

fälliger Parallelität an, wie die Wasserträgerinnen am Brunnen oder die Männer im Schneesturm. Die Farben werden gedämpft und zart vergraut, so wie die Affekte, Aktivitäten und Bewegungen zurückhaltend und die Umrisse der Figuren klarer und einfacher werden. Die detailreiche anekdotische Erzählweise der früheren Kartons reduziert er; die Spiele und Feste bekommen dabei einen nahezu irrealen Zug. Traditionellere Themen, die am Hofe stets akzeptierte Jahreszeitenfolge etwa, greift Goya nun auf. Allerdings malt er auch in diesem Rahmen weiterhin Szenen und Figuren der untersten Klasse: die Bauern mit ihrem Schwein im Schneesturm, die Ernte der Landarbeiter, die Armen am Brunnen, den gestürzten Maurer. Die Aristokratisierung seines Stils bringt es mit sich, daß diese Themen, die ihm nicht direkt entsprechen, an Würde gewinnen. Bei aller Idealisierung sind es nun doch Arbeit und Mühsal, die zum Thema gemacht werden, häufiger als die Freuden und leichtfertigen Spiele der Majos, die seine früheren Kartons beherrschten.

Goya distanziert sich vom Majismo ausgerechnet in den Jahren, als dieser vom Hof nicht mehr bekämpft wurde. Carlos IV., der eine ausgesprochene Vorliebe für die unbeschwerten Themen gehabt zu haben scheint, ernannte Goya gleich nach seiner Thronfolge 1789 zum Hofmaler. Die Regierung war nach Ausbruch der Französischen Revolution immer mehr gezwungen, dem Feudaladel Zugeständnisse zu machen.

Jedoch gewann die Selbstbehauptung Goyas am Hofe zunehmend eine neue Qualität, die in den neunziger Jahren deutlicher erkennbar werden wird.[83]

Genrebilder

Den verallgemeinernden, distanzierteren Stil seiner späteren Kartons setzt Goya in den Genrebildern für die Osunas fort, für die er 1787 und 1788 bezahlt wurde.[84] Im Unterschied zu den Kartons fällt der kleine Maßstab der Figuren auf, die dennoch ähnlich präzise umrissen sind wie auf den späten Kartons. Die Szenen sind – vor allem beim *Sturz vom Esel* – so gruppiert, daß eine räumliche Tiefe und Erhabenheit der Landschaft durch den Vergleich zu den winzigen Figuren erreicht wird, wie selten bei Goya. Dies mag die Bilder für die Ausschmückung eines Landsitzes ausgewiesen haben, auf dem die Osunas, von höfischen Zwängen dispensiert, sich der Natur und dem einfachen Leben hingaben.

Auffallend ist nun allerdings, daß Goya auch hier keine bukolische Szenerie oder Hirtenbilder schafft, in denen die Aristokratie ihre romantische Sehnsucht nach der eigenen ländlichen Herkunft zu verklären pflegte. Vielmehr schildert er festliche Höhepunkte im Landleben der Abhängigen dieser Granden: einen Maibaum, den zerlumpte Dorfkinder anstaunen oder erklettern, um die Prämie herunterzuholen, die dörfliche Prozession, bei der Priester, Bürgermeister und Gouverneur voranschreiten. – Geht es um die Adligen selbst, so überschatten Unglücksfälle oder Schrecken ihre Vergnügen. Der Sturz vom Esel mochte noch amüsant und harmlos wirken. Der Bau eines Kastells wird dagegen mit dem Sturz eines Maurers, der auf einer Bahre fortgetragen wird, bezahlt. Und schließlich werden bei der Ausfahrt im Zweispänner durch den Angriff von Banditen mehrere Kutscher und ein Offizier getötet.

Dies sind nicht mehr Raufereien und Streitigkeiten, die die Majos unter sich austragen. Vielmehr objektiviert Goya hier Mißtrauen und Brutalität im Umgang der Spanier des 18. Jahrhunderts miteinander insofern, als er Klassendifferenzen jedenfalls andeutet. Die Banditen, die im 18. Jahrhundert die Gerechtigkeit auf anarchistische Weise, in Einzelaktionen, herstellen wollten, attackieren auch in Goyas Bildern Angehörige der privilegierten Klasse. Selbst beim *Sturz vom Esel* sind die Diener im Hintergrund, die das Geschehen unschlüssig beobachten, auch in sozialer Distanz zu den vornehmen adligen Reiterinnen zu sehen. Goya

Angriff auf eine Kutsche (Ausschnitt). Madrid, Sammlung Duque de Montellano

malt mit diesen Bildern seinen adligen Auftraggebern Gefahren aus, die durchaus in der Realität auf sie lauerten. Er konnte sich diese schrekkenerregenden Szenen leisten, weil sie in einem verfeinerten, Brutalitäten geradezu negierenden Stil gemalt sind. Die zierlichen Personen erscheinen bei aller Präzision in der gewaltigen Landschaft doch fern, fast unwirklich.

Sensationslust und das prickelnde Gefühl, Gefahren zu erleben, die dennoch fern und irreal bleiben, mischten sich im ausgehenden 18. Jahrhundert gerade in aristokratischen Kreisen mit dem ästhetischen Genuß. In der ästhetischen Kategorie des Erhabenen fand dieses Gefallen am Schrecklichen seinen Niederschlag. So ist es nicht weniger widersprüchlich, daß diese Szenen, in denen Goya Klassengegensätze andeutet, von den adligen Familien goutiert wurden, als daß seine Bilder des Majismo in die Schlösser des bürgerlich gesonnenen Königs gelangten.

Am 4. Januar 1794 kündigt Goya dem Sekretär der Akademie, Iriarte, in einem Brief eine Reihe von Bildern an und bittet darum, sie in der Akademie auszustellen. In der Sitzung der Akademiker am darauffolgenden Tag werden bereits die elf Bilder gezeigt, auf denen Goya «ver-

Stierkampfszene. Madrid, Privatsammlung

schiedene Motive nationaler Vergnügungen» gemalt hat. «Die Versammlung dankte dafür, sie zu sehen und feierte ihr Verdienst und das des Herrn Goya.»[85] Mit den «nationalen Vergnügen» sind sicherlich die Stierkampfbilder gemeint, die Goya auf acht Blechtäfelchen von annähernd gleicher Größe malte. Es sind die ersten Bilder, von denen wir sicher wissen, daß Goya sie für den freien Markt malte. Er schrieb Iriarte, daß er sie verkaufen wolle.

Mit diesen Darstellungen konnte Goya beim Publikum großes Interesse voraussetzen, war doch der Stierkampf derjenige kulturelle Ritus, der alle Spanier einte. Viele Reisende haben diese spanische Leidenschaft beschrieben. 1777 hatte der aufgeklärte Schriftsteller Nicolás Fernández de Moratín eine historische Untersuchung über den Stierkampf veröffentlicht, in der er diese Spiele als nationale spanische Besonderheit würdigt. 1790 hatte Carnicero eine graphische Serie mit Stierkampfdarstellungen publiziert, die ein großer Erfolg wurde.[86] Die Reformpolitiker unter Carlos III. hatten allerdings versucht, gegen dieses «Laster der Nation» vorzugehen. Noch 1791 argumentierte Floridablanca, daß der Stierkampf unsinnig den Viehbestand Spaniens dezimiere, der dringend für den Ausbau der Landwirtschaft benötigt würde. Außerdem würde durch die rohe Sitte des Stierkampfs im Ausland ein unvorteilhaftes Bild von Spanien geprägt. Die «novillos» – das heißt Kämpfe mit jungen Stieren, die dabei nicht getötet werden – wollte aber auch Floridablanca gelten lassen.

1792 war Floridablanca gestürzt worden. 1793 wurden zum erstenmal wieder Stierkämpfe von der «Real Maestranza de Caballería» organisiert, nachdem sie acht Jahre lang verboten gewesen waren.[87] Diese königlichen Spiele fanden auf der Plaza Mayor statt. Es war nicht verwunderlich, daß der König Carlos IV. dies Mittel, mit dem er das ganze Volk einen konnte, gerade in dem Jahr einsetzte, als er in den Krieg gegen das revolutionäre Frankreich eintrat und Mühe hatte, die Opposition des Adels niederzuhalten.

Goya nutzte also die Gunst der Stunde, wenn er jetzt eine Stierkampffolge ausstellte und zum Verkauf anbot. Es wird auch von seiner Seite der Gedanke einer nationalen Klassenversöhnung – auf einer vielleicht privateren Reflexionsstufe – mitgeschwungen haben, bedenkt man, daß er selbst durch die politischen Ereignisse seit Ausbruch der Revolution Schwierigkeiten hatte und haben mußte, am Hof seinen Standort zu finden.

Die Bilder sind in dem distanzierenden Stil der Osuna-Bilder gemalt, mit winzigen Figuren, deren Maßstab zum Vordergrund hin eher noch abnimmt – gerade umgekehrt wie bei der Trompe l'œil-Perspektive. Seine pointierende Malweise, charakteristisch für das ausgehende 18. Jahrhundert, entwickelt Goya nun erst. Statt der genauen, gleichmäßigen Erfassung der Bildgegenstände setzt er akzentuierende Farbtupfen an Stellen ein, die inhaltlich wenig aussagen. Die Zuschauer stellt er zum erstenmal als kaum differenzierte Masse dar, anders als etwa bei der *Pradera de San Isidro*, wo die Volksmenge aus einzelnen, individualisierten und genau erkennbaren kleinen Figuren bestand. – Bei allen Bildern fällt über die eine Hälfte der Komposition ein leichter Schatten, während die andere im Sonnenlicht liegt. Auch dies Mittel zur Vereinheitlichung der Bildelemente verwendet Goya hier zum erstenmal. Bei diesen frühesten Bildern, die Goya für ein unbekanntes, nicht genau einschätzbares Publikum malte, verallgemeinert er, legt nicht genau fest, wer diesen umstrittenen Spielen zuschaut, entfernt sich vom Individualismus, den er durch den Hof kennengelernt hatte.

Krise der neunziger Jahre

Die neunziger Jahre wurden zu einer Zeit der Krise für Goya. Die Zielsetzung seiner Kunst ist nicht mehr eindeutig darauf ausgerichtet, am Hofe Erfolg zu haben. Zumindest beginnen die Inhalte seiner Kunst diesem subjektiv durchaus weiter verfolgten Ziel zu widersprechen. Die Jahre der Französischen Revolution, die auch in Spanien Unsicherheit, Unruhe, Verleumdungen und schnellen Wechsel auf den Posten am Hofe, darunter den Sturz verschiedener hochgestellter Persönlichkeiten, so des von Goya geschätzten Jovellanos, mit sich brachten, konnten an Goya nicht spurlos vorübergehen.

Bereits Ende 1792 oder Anfang 1793 war Goya, ohne offiziell Urlaub erhalten zu haben, nach Andalusien gereist. Im Januar 1793 erkrankte er schwer. Über seinen Freund Martínez, einen reichen Kaufmann in Cádiz, der ihn während seiner Krankheit in seinem Haus aufnahm, erwirkte er zwei Monate Urlaub, ohne daß in Madrid aufgedeckt wurde, daß er bereits seit längerem vom Hofe abwesend war. Erst am 11. Juli 1793 nimmt Goya in Madrid wieder an einer Sitzung der Academia de San Fernando teil.[88] Die schwere Krankheit, deren Ursache und Natur ungeklärt sind, bewirkte Goyas totale Taubheit, so daß er sich die Taubstummensprache aneignen mußte, um sich überhaupt noch verständigen zu können. Dieser Zustand wurde Anlaß dafür, daß Goya sich von seinen einst so ehrgeizig angestrebten Ämtern zurückzuziehen begann. Nach dem Tode Francisco Bayeus, im September 1795, bewarb er sich zwar noch als Nachfolger für die Stelle des Direktors für Malerei (director de pintura) an der Akademie und erhielt diesen Posten auch.[89] Im Frühjahr oder Sommer 1796 reiste Goya zum zweitenmal nach Cádiz. Vermutlich galten beide Reisen der Fertigstellung seines Auftrags für das Oratorium Santa Cueva in Cádiz, das am 31. März 1796 geweiht wurde. Goya malte drei lunettenförmige Gemälde mit Themen des Neuen Testaments: Das Gleichnis von der königlichen Hochzeit, das Gleichnis vom Fisch- und Brotwunder und das Heilige Abendmahl.[90]

Von Cádiz aus reiste Goya, wohl im Juli 1796, nach Sanlúcar, dem unweit gelegenen Landsitz der Alba. Da der Herzog von Alba im Juni 1796 gestorben war und die Herzogin, die Goya bereits im Jahre 1795 porträtiert hatte, allein in Sanlúcar lebte, hat diese Reise Goyas zu den unwahrscheinlichsten Spekulationen über sein Liebesverhältnis mit der Herzogin geführt.[91]

Spätestens am 2. April 1797 war Goya wieder in Madrid. In einer Sitzung der Academia de San Fernando bat er nun darum, ihn seines Postens als Direktor der Malerei und den damit verbundenen Lehrverpflichtungen zu entbinden. Als Grund führt Goya seinen schlechten Gesundheitszustand und seine Taubheit an. Er wurde daraufhin zum Ehrendirektor (director honorario) ernannt.[92]

Diese Ehrenmitgliedschaft war an erster Stelle dem Adel vorbehalten. Etwa ein Viertel der Ehrenmitglieder gehörte der hohen Aristokratie an; hinzu kamen einige hohe Geistliche, wenige Professoren und Literaten wie Iriarte und Ceán Bermúdez. Mit dieser Ehrenmitgliedschaft war das Recht, aber nicht die Pflicht verbunden, den allgemeinen und öffentlichen Versammlungen der Akademie beizuwohnen.[93]

Bereits 1792 hatte sich Goya von der Akademie oder doch von deren Lehrmethoden weit entfernt. Aufgefordert, wie die übrigen Professoren seine Meinung über eine geplante Studienreform zu äußern, hielt er sich nicht mit Einzelfragen des Unterrichts auf, über die seine Kollegen debattierten, sondern distanzierte sich vollständig von den gängigen Lehrmethoden, ja er bezweifelte die Lehrbarkeit der Kunst überhaupt.[94] 1794 schrieb Goya den berühmten Brief an Iriarte, in dem er diesem seine Kabinettbilder ankündigte: *Um meine Phantasie, die an der Versenkung in meine Leiden krankt, zu beschäftigen, und um wenigstens teilweise die großen Ausgaben, die meine Krankheit mich kosteten, zu ersetzen, habe ich mich dem Malen einer Gruppe von Kabinettbildern gewidmet, in denen es mir gelungen ist, Beobachtungen zu machen, zu denen in der Regel die Auftragswerke keine Gelegenheit bieten, da in ihnen Laune («capricho») und Erfindung (invención) sich nicht verbreiten können.* – In einem weiteren Brief an Iriarte vom 7. Januar 1794 dankt er ihm überschwenglich dafür, daß er diese Bilder in der Akademie vorgeführt habe und fügt hinzu: ... *ich bin wieder voll Begeisterung und voller Mut dabei, mich Dingen zu widmen und sie zu präsentieren, die, wie ich hoffe, einer derart respektablen Körperschaft* (d. i. die Akademie) *würdiger sein sollen.*[95] Gleichzeitig gelingt es Goya unter Hinweis auf seine offenbar doch übertreibend dargestellte Krankheit, sich seinen Verpflichtungen gegenüber der Teppichmanufaktur zu entziehen. In einem Schreiben des Direktors der Manufaktur heißt es im März 1794, «daß Goya auf Grund einer schweren Krankheit absolut nicht in der Lage ist zu malen»[96].

Entgegen den gängigen biographischen Darstellungen, nach denen der Grund für Goyas Distanzierung von seinen Ämtern am Hofe in seiner Krankheit zu suchen sei, läßt sich wohl die Behauptung aufstellen, daß umgekehrt diese Krankheit als ein Symptom einer bereits begonnenen und nur schrittweise vollzogenen Lösung von seinen zuvor ehrgeizig angestrebten Posten und sozialen Positionen zu interpretieren ist. Die Flucht in die Krankheit war der Ausweg für Goya, um sich aus den Engpässen zu befreien, die die Auftragsarbeiten bei der Entwicklung seiner Kunst mittlerweile für ihn darstellten. So begann Goya auch in diesen Jahren damit, Skizzenbücher anzulegen, in denen er in der Folgezeit seine kühnsten Gedanken visuell artikulierte. Das früheste Skizzenbuch, das sogenannte *Album Sanlúcar*, entstand nach Carderera, einem der frühesten Biographen Goyas, während Goyas Aufenthalt in Sanlúcar; das zweite, sogenannte *Madrider Skizzenbuch*, sei kurz nach der andalusischen Reise entstanden.[97] Diese beiden Skizzenbücher bilden den Ausgangspunkt für Goyas erste große graphische Serie, die *Caprichos*.

Die Radierung als Reproduktionskunst war in Spanien erst seit Gründung der Akademie gefördert worden, um die Kenntnis der Kunstschätze Spaniens, die, wie der Kunstreisende Ponz klagte, in der Welt viel zu wenig geachtet seien, zu verbreiten.[98] 1789 wurde die Real Calcografía durch die Regierung gegründet, deren Drucker für die Künstler arbeiteten. Die besten Schüler der Graphikklassen wurden von der Akademie zur Weiterbildung nach Paris geschickt. Carmona, der 1763 als einer der erfolgreichsten Schüler aus Paris zurückkehrte, reorganisierte die Druckpresse der Akademie und gab Anweisungen für die Herstellung der Tinten und Papiere. Diese Förderung der graphischen Künste kam zugleich dem einheimischen Handel zugute und trug somit dazu bei, das merkantilistische und – mit diesem verbunden – kulturpolitische Programm der Regierung durchzusetzen.

Goyas früheste Radierungen sind thematisch konventionell: mit seinen Heiligenbildern, der heiligen Familie reiht er seine Arbeiten der religiösen Graphik ein, die über die Hälfte der in der Madrider Presse annoncierten Graphiken ausmachten.[99] Bemerkenswert ist, daß Goya, ähnlich wie Castillo und Ramón Bayeu, die neben ihm in diesem neuen Medium experimentierten, nicht versuchte, dem akademischen Stil Carmonas zu folgen. Vielmehr imitierte er die lockere, strichelnde Manier Tiepolos und der Venezianer. Der Unterschied tritt noch in dem Blatt nach Velázquez' «Los borrachos» (Die Trinker) deutlich hervor, das sowohl Carmona als auch Goya als Vorlage diente. Im Vergleich zu der präzisen Arbeit von Carmona, der mit Kreuzschraffuren systematisch die Helldunkel-Stufen und Modellierungen umsetzt, wirkt Goyas Reproduktion durch ihre unsystematische Strichführung und die abrupten Schärfenwechsel (so z. B. zwischen den beiden hintersten Figuren rechts außen) nahezu chaotisch, wenn auch von derber, naiver Lebhaftigkeit.[100]

Elf der Kopien Goyas nach Velázquez, mit denen er Ponz' Wink gefolgt war, die berühmtesten Kunstwerke Spaniens zu verbreiten, erscheinen 1778 und wurden in zwei Buchläden Madrids einzeln und als

Serie verkauft.[101] Trotz der am akademischen Standard gemessen unkonventionellen Ausführung erntete Goya das Lob des Klassizisten Ponz: «Goya hat (mit diesen Kopien nach Velázquez) seine Fähigkeit und Intelligenz unter Beweis gestellt, ebenso seinen Eifer, der Nation zu dienen, wofür ihm die Liebhaber des Velázquez sowie der Malerei Dank schulden.»[102]

Die Caprichos

Goyas *Caprichos* wurden 1799 zum Verkauf angeboten. Eine erste Zeitungsannonce, in der Goya seine *Caprichos* mit 72 Blatt ankündigte, war zwar schon 1797 erschienen, doch vermutlich nur zu dem Zweck, Subskribenten zu werben.[103] Erst am 6. Februar 1799 erscheinen im «Diario de Madrid» und am 19. Februar 1799 in der «Gaceta de Madrid» erneut Anzeigen, die nunmehr eine Serie von 80 Blatt zum Verkauf ankündigten. Bereits im Januar 1799 bezahlte die Herzogin Osuna Goya für «vier Bücher der *Caprichos*». Verkauft wurden die Radierungen in einem Parfüm- und Schnapsladen in der Calle del Desengaño Nr. 1, also in demselben Haus, in dem Goya wohnte.[104] Entweder war es Goya nicht gelungen, einen Buchhändler für seine Radierungen zu interessieren wie im Falle seiner Velázquez-Kopien, oder aber es schien ihm der einfachste Weg zu sein, über den Ladeninhaber im eigenen Haus den Verkauf abzuwickeln.

Es ist nicht sicher bekannt, in welcher Reihenfolge Goya seine Entwürfe herstellte. Nur ein Blatt, Nr. 43, ist datiert (1797). Es sollte offenbar – das läßt sich aus der Inschrift erschließen – als Titelblatt der 1797 angekündigten Serie dienen. Da die endgültige Vorzeichnung zu diesem Blatt oben die Inschrift *Sueño I°* (Erster Traum) trägt, hatte Goya seine Serie offenbar zunächst als Folge von «Träumen» geplant. Man kann daher davon ausgehen, daß die 25 Zeichnungen im Prado, die auf demselben Papier gezeichnet sind wie die Vorzeichnung zu Nr. 43 und alle Federzeichnungen in brauner Tusche, zuweilen mit etwas Grauzusatz oder rötlicher Lavierung, den ersten Teil der Entwürfe zu den *Caprichos* bilden.[105] Die vermutlich späteren Vorzeichnungen sind in Rötel oder laviert oder in einer kombinierten Technik ausgeführt. Goya hat die ganze Serie offenbar in sehr schneller Folge zwischen 1797 bis Ende 1798 ausgeführt. Sicher ist davon auszugehen, daß er die *Capricho*-Entwürfe erst nach dem *Sanlúcar-* und dem *Madrider Skizzenbuch*, aus denen er mehrfach Motive aufgreift, herstellte.[106]

Goya übertrug die Entwürfe, indem er die befeuchteten Zeichnungen auf die Platten preßte und dadurch einen Abklatsch erhielt. Fast alle

Vorzeichnung zu Capricho Nr. 43. Madrid, Prado

Zeichnungen zeigen Spuren dieses Druckvorgangs. An Hand der erhaltenen Probedrucke, die Goya während seiner Arbeit von den noch unfertigen Platten abzog, läßt sich seine Arbeitsweise verfolgen. Zunächst radierte er die Linien seiner Motive und fügte in verschiedenen Abstufungen Aquatinta hinzu, durch die er die charakteristischen Helldunkel-Kontraste der Blätter erreichte. Zum Schluß brachte er Retuschen mit dem Stichel und in Kaltnadelradierung an, wodurch er einzelne Stellen kräftiger herausarbeitete. Zwei Blätter sind jedoch in reiner Aquatinta ausgeführt (Nr. 67, 74). Diese Technik war erst im 18. Jahrhundert in Gebrauch gekommen, der französische Maler und Stecher J. B. Leprince (1734–81) gilt als ihr Vollender. Geschätzt wurde sie unter den Künstlern vor allem, weil durch sie der Arbeitsprozeß beschleunigt werden konnte. Mit dieser Erfindung, die eine schnellere Produktion ermöglichte, reagierte man auf den sich ausweitenden Kunstmarkt, auf das Bedürfnis nach Hauskunst.

Zu Goyas Lebzeiten wurde nur die eine Ausgabe von seinen *Caprichos* gedruckt. 1803 vermachte er die Platten sowie die restlichen 240 Exemplare der Real Calcografía und bat zum Entgelt um eine Unterstützung für die Ausbildung seines Sohnes, die der König auch gewährte.[107] In einem Brief an Joaquín Ferrer aus dem Jahre 1825 deutet Goya an, daß die Inquisition den Verkauf gehindert habe. Wohl aus diesem Grund zog Goya die *Caprichos* bereits kurz nach ihrer Annoncierung wieder aus dem Verkehr.

Goya hat allen Darstellungen kommentierende Unterschriften gegeben. Zum Teil tragen bereits die Vorzeichnungen (wie schon die späteren Zeichnungen des *Madrider Skizzenbuchs*) Titel, deren Bedeutung oder auch Wortlaut mit denen der Drucke übereinstimmt. Darüber hinaus hat Goya einen Kommentar zu den *Caprichos* verfaßt, dessen Manuskript sich heute im Prado befindet (sogenannter Prado-Kommentar).[108] Schon bald kursierten weitere Erläuterungen zu den *Caprichos*, in denen vor allem versucht wird, die dargestellten Personen und Situationen zu identifizieren, so bereits in dem sogenannten Ayala-Kommentar, der auch noch aus dem Umkreis Goyas stammen dürfte.[109] Auf einzelnen Blättern finden sich die Namen bekannter Prostituierter oder auch der Königin in Schriftzügen des 18. Jahrhunderts aufgeschrieben, die Goya angeblich dargestellt habe. Auch sind einzelne Drucke erhalten, die nachträglich, vielleicht von ihren Besitzern, koloriert worden sind. Dabei sind die Tiere und Fabelwesen so ausgemalt, daß der soziale Status dieser Wesen verdeutlich wurde.[110] Als Tendenz der Rezeption der *Caprichos* läßt sich hieraus erkennen, daß man versuchte, sie als direkte Gesellschaftssatire zu verstehen und den prickelnden Vermutungen nachzugehen, welche Personen aus den oberen Gesellschaftskreisen oder der Demimonde Goya habe kritisieren wollen. Der Anlaß zu Goyas eigenem Kommentar mag gewesen sein, solche Versuche, die *Ca-*

prichos als Angriffe auf bestimmte Personen seiner Zeit zu verstehen, abzuwehren. Bereits in seiner Zeitungsannonce von 1799 hatte Goya betont, daß seine Bilder nicht als persönliche Satiren zu verstehen seien (vgl. S. 68). Dies war ein Gebot der Vorsicht, entsprach aber auch den weitergreifenden Intentionen, die der Künstler mit seinen *Caprichos* im Auge hatte.

Wie den Historienmalern, so geht es auch Goya darum, die menschliche Natur darzustellen, aber nicht in idealtypischen, vorbildhaften Erscheinungsformen und Situationen wie die Historienmaler, sondern mit negativen Vorzeichen: ihre Deformationen und Mißbildungen stellt er vor.

Unter der Natur des Menschen wurden im 18. Jahrhundert vor allem die Leidenschaften begriffen und zum Gegenstand philosophischer Untersuchungen gemacht. Die Frage nach der Balance zwischen den Leidenschaften und der Vernunft, zwischen Erkenntnisvermögen der Sinne und des Verstandes beschäftigen die Denker des 18. Jahrhunderts. Der Vernunft werden die Empfindungen und Gefühle als Erkenntnisquellen gegenübergestellt oder auch vorgeordnet. Die Autorität der «raison», die sich auf eingeborene Ideen vor der Erfahrung gründet, wird zerstört. Das Bürgertum, aber in anderen Zusammenhängen auch die höfische Gesellschaft, ist zunehmend darauf angewiesen, ihre Erkenntnisse auf Erfahrung, auf Empirie zu gründen.

Die Standesbeziehungen des einzelnen, seine Position und seine Handlungen innerhalb der gesellschaftlichen Hierarchie sind nicht mehr einzig ausschlaggebend für die Beurteilung seines Wertes. Das Bürgertum leitet den Wert eines Menschen nicht aus seinem sozialen Rang, sondern aus seinem Charakter ab. Darum beschäftigen Psychologie und Physiognomik – in den bildenden Künsten sind es die Porträtkunst und die Karikatur – die Intellektuellen Europas. Der einzelne wird zunehmend als autonomes Kraftzentrum, als Monade begriffen. Die Affekte sind nicht Laster, die bei übermenschlichen Mächten ihren Ursprung haben und welche die Seele von außen als ein Übel befallen, sondern sie haben ihren Sitz in der Seele selbst. Nur zu starke, unkontrollierte Leidenschaften werden noch als Krankheiten bezeichnet. Jedoch «wenn sie eine regelmäßige Stärke haben, verhüten sie die Trägheit des Geistes und geben seiner Kraft eine Munterkeit und Stärke, die Wunder verrichten kann»[111]. Die Vernunft wird damit zur operierenden Funktion der Seele. Die Grenzen zwischen Vernunft und Unvernunft, zwischen Tugend und Laster werden fließender, neue Definitionen, die auch die Künstler und Literaten anbieten, werden erforderlich.

Nicht von ungefähr nehmen den größten Teil von Goyas *Caprichos* Szenen ein, in denen die Leidenschaften par excellence, das heißt die Beziehungen zwischen Mann und Frau thematisiert sind. Ein galanter Liebhaber nähert sich seiner Dame mit der Gebärde tiefster Ergebenheit, er versucht, sich von der vorteilhaftesten Seite zu zeigen (Nr. 27), und er verstellt ihr den Weg. Die Dame, nur halb ihm zugewandt, schreitet mit unbewegtem Gesicht vorbei (Nr. 5) oder aber scheint mit ihm zu handeln (Nr. 7). Ebenso raffiniert wie er taxiert sie ihre Chancen, überdenkt ihren Vorteil. Diese Szenen rückt Goya folgerichtig in die Nähe der Prostitution. Eine alte Kupplerin oder ein neugieriges Paar neben dem Liebespaar verdeutlichen es (Nr. 5, 7, 27, 31, 35). Ein Kommentar weist darauf hin, daß der Galan prahlt, aber nicht zahlungskräftig ist. Sie nutzen einander aus, um den Partner danach wie gerupftes Federvieh aus dem Haus zu kehren (Nr. 19–21). Raub und Entführung oder der Tod im Duell sind Extremfälle verfehlter Liebe (Nr. 8, 10). Die Leidenschaften, ungezügelt durch den Balance garantierenden Verstand, verleiten zu Zerstörung und Selbstvernichtung.

In die gleiche Richtung zielt Goyas Kritik unbeherrschter Sinnlichkeit, die er vor allem an den Mönchen demonstriert. Sie, die Askese gelobt haben, fressen und saufen so hemmungslos, daß selbst das Vergnügen pervertiert wird (Nr. 13, 79).

Durch die sozialen Verhältnisse wird die glückliche Entfaltung der Leidenschaften, eine freie Liebe, unmöglich gemacht. Sie degeneriert zu einem Geldverhältnis. Die Ehe wird ausgehandelt, man muß berechnen, ob man nicht eine Mesalliance eingeht (Nr. 2, 14). Das natürliche, wahre Gefühl, das heißt die Natur des Menschen, kann sich nicht entfalten.

Goya zeigt, wie die Verderbnis der Leidenschaften durch die Institutionen der Gesellschaft seiner Zeit fortgesetzt wird. Prostituierte werden ins Gefängnis geschickt (Nr. 22), die Mutter eines unehelichen Kindes in Ketten gelegt (Nr. 32), *weil sie sensibel war*, wie Goyas Inschrift lautet, und das Kind nicht umgebracht hat.

Die Diskussion des 18. Jahrhunderts um die Neubestimmung von Ehe und Familie greift auch Goya auf. Als wirtschaftliche Produktionseinheit tritt die Familie bei ihm bereits nicht mehr in Erscheinung. Mit der absolutistischen Herrschaft wird auch die des Hausvaters in Frage gestellt, der die staatliche Sittenpolizei in der Familie vertrat. Da die Rechte der einzelnen Familienmitglieder reklamiert werden, wird auch die Kindererziehung angeprangert, sofern sie unsinnige Machtausübung ist (Nr. 3, 4, 25) und nicht stellvertretend die Gebote der Vernunft ausführt, denen sich das Kind, mündig geworden, freiwillig unterstellen würde.[112]

Die Ehe als «pactum supra partes» wird von Goya denunziert. Er zeigt Mann und Frau aneinander gefesselt, beide unter Qualen bestrebt, sich zu befreien. Ein Untier bewacht diese unglückliche, unlösbare Verbindung (Nr. 75) – bei Goya in den meisten Fällen Zeichen für irrationale, nicht legitime Herrschaft. Das Problem des 18. Jahrhunderts, Herrschaft und Freiheit, Allgemeinheit und Individuum durch die Fiktion eines Gesellschaftsvertrags zu versöhnen, beurteilt Goya pessimistisch. Wer in einer Sozietät lebt, dem wird notwendig zugesetzt; *aber derjeni-*

Tal para qual (Gleich und gleich). Capricho Nr. 5

ge, der allein lebt, wird entdecken, daß auch dies eine Plage ist (Goyas Kommentar zu Nr. 58). – Die Liebe stellt Goya einerseits stets als private Angelegenheit von nur zwei Personen dar, die einander in kaum definiertem Raum begegnen. Andererseits sieht er, daß sie bereits als diese individuelle Beziehung dennoch in höfischem Sinne Politik ist, der Intrige unterworfen, der Öffentlichkeit, den taxierenden Blicken und kupplerischen Eingriffen schattenhaft gesehener Personen im Hintergrund preisgegeben.

Die Verunsicherung der menschlichen Beziehungen durch neue Ansprüche, die von der Realität nicht eingelöst werden, stellt Goya in verschiedenen Themen dar. Die Ergründung der individuellen Natur des Partners, die Basierung einer Beziehung auf Vertrauen und Gefühl, werden noch in ihrer Negation durch Goya postuliert. *Nadie se conoce – Niemand kennt sich*, so nah man dem Partner auch zu Leibe rückt, um ihn zu erkennen (Nr. 6, 7), die soziale Rolle, die ein jeder spielt, verdeckt ihn dem anderen, läßt seine «reine Menschlichkeit» hinter der äußeren Erscheinung unkenntlich werden.

Nicht von ungefähr greift Goya das alte Fortunamotiv auf, in dem sich Unsicherheit der persönlichen Verhältnisse und Ausgeliefertsein an ein

Todos caerán (Alle werden fallen). Capricho Nr. 19

Subir y bajar (Aufstieg und Sturz). Capricho Nr. 56

unbegriffenes Geschick artikulieren: Jemand wird von finsteren Gestalten emporgehoben – die zeitgenössischen Kommentare deuten hier auf den Emporkömmling Godoy, Premierminister Spaniens –, und man sieht seinen Fall bereits vorweggenommen im Schicksal eines anderen (Nr. 56). Im Bild eines fingierten Stierkampfs (Nr. 77) sieht Goya ebenfalls die Unsicherheit der Verhältnisse: Die Rolle des Stiers und des siegreichen Kämpfers werden von der unverläßlichen Fortuna heute diesem, morgen jenem zuerteilt. Jedoch stellt Goya Fortuna nicht in personifizierter Gestalt dar. Bei Sturz und Aufstieg stehen sich vielmehr menschliche, wenn auch denaturierte Gegner gegenüber, die miteinander Schicksal spielen (vgl. auch Nr. 62). Die Rollen sind dabei umkehrbar, sind nicht mehr in einem festen Rahmen abgesteckt, den nur übermenschliche Mächte sprengen könnten. Gerade diese Labilität war das Verwirrende der Verkehrsformen am Hofe, an dem in manchen Zügen die Konkurrenzsituation der bürgerlichen Gesellschaft vorweggenommen wurde.

Die Rollen sind unsicher geworden, die Standesherkunft reicht zur Legitimation für gesellschaftliche Positionen nicht mehr aus. Cadalso und Cabarrus nehmen in Spanien die französische Kritik an den ererbten Privilegien des Adels auf; nur in Leistungen sehen sie deren Rechtfertigung.[113] Ein weiterer Komplex von Radierungen, der über die ganze Folge der *Caprichos* verstreut ist, jedoch seinen Kern in den Eselsdarstellungen hat (Nr. 37–42), beschäftigt sich mit dieser Problematik. Untaugliche Männer besetzen einflußreiche Positionen und richten Schaden an: als Kurpfuscher, als Lehrer oder als Befehlshaber (Nr. 37, 40, 76). Durch die soziale Rolle, das angemaßte Amt, wird der wahre Charakter verdeckt (vgl. Goyas Kommentar zu Nr. 76). – In der Eselsserie entlarvt Goya den wahren Charakter der ungerechtfertigt Privilegierten: ein riesiger Eselskopf mit langen Ohren und tapsigen Pfoten steckt in aristokratischen Kleidern und betrachtet die Bilder seiner Ahnen – auch sie eine gleichförmige Reihe von Eseln (Nr. 39). Das aristokratische Erbfolgeprinzip wird verhöhnt (vgl. auch Nr. 57). Die «Chinchillas», die sich von der Ignoranz füttern lassen, selbst unfähig, sich zu bewegen, so hat der Dünkel sie gelähmt, gehören ebenfalls dem Adel an (Nr. 50).[114] Dieser ist es, der sich von dem ächzenden Volke tragen läßt (Nr. 42), aber *wer würde nicht sagen* – so lautet Goyas zynischer Kommentar –, *daß es wilde Bestien sind, auf denen die Esel reiten?*

Ein weiterer großer Komplex sind die Hexendarstellungen. Goyas Gesellschaftssatire, die er als Kritik am pervertierten Wesen der Menschen und ihrer Verkehrsformen versteht, findet ihre sozialgeschichtlich logische und zugleich verschärfte Fortsetzung in den Hexenszenen: Alpträume (Nr. 43), der Karneval, bei dem wie beim Hexensabbat die gesellschaftliche Ordnung auf den Kopf gestellt wird, Masken (Nr. 2, 6, 57), hinter denen seit je Hexen vermutet werden, weisen auf Randbereiche menschlichen Verhaltens und Fehlverhaltens, auf die Verkehrung von Normen hin, die nach alter (kirchlicher) Tradition mit der Einwirkung dämonischer Kräfte und Wesen in Zusammenhang gebracht werden.[115] Wie bei der Eselsserie wird auch hier menschliches Fehlverhalten verdeutlicht und karikiert, indem Goya die Menschen zu halb tierischen Gestalten oder zu Hexen degeneriert zeigt. Darin schließt Goya an die ikonographische Tradition der Darstellung der Laster und der mittelalterlichen Sozialsatire an. Zu berücksichtigen ist allerdings, daß im Spanien des 18. Jahrhunderts Hexendarstellungen einen anderen Realitätsgehalt hatten als die emblematische Tiersatire. Jedoch ist zunächst festzustellen, daß bei den Hexen ähnliche Mißstände gezeigt werden wie sie unter den Menschen herrschen: Streit, Gier, ungezügelte Sinnlichkeit und Dummheit, Unterwürfigkeit unter eine irrationale hierarchische Ordnung (vgl. u. a. Nr. 46, 62, 63, 70). Wie bei den Menschen zeigt Goya auch an den Hexen, daß sie der Selbstbestimmung durch Triebbeherrschung nicht fähig sind (Nr. 62).

Die Hexen gehen auf Kinderfang, sie bringen ihrem Oberhexenmeister Kinder als Opfer dar und sie saugen sie aus (Nr. 45, 46, 44). Sie fliegen auf dem Besen durch die Luft und treffen sich zum Hexensabbat (Nr. 68, 71). Diese Bilder gehen von alten Vorstellungen des Aberglaubens und Hexenwahns aus. Der Hexenglaube war im 18. Jahrhundert in Spanien längst nicht gebrochen. Es fanden noch Ketzer- und Zauberprozesse statt. Ein Rest der Dämonologie, die die katholische Kirche integriert hatte, indem sie die Existenz der heidnischen Götter als Hexen anerkannte, ist hier noch erhalten. Selbst Feijoo, der große Aufklärer unter den Geistlichen des 18. Jahrhunderts in Spanien, leugnet nicht, daß es Hexen gäbe.[116] Wenn Goya etwa schreibt, daß derjenige, der schwört, seinem Meister stets zu Diensten zu sein, zur Hexenzunft gehört (Kommentar zu Nr. 70), so schwingt der Hexenglaube auch in dieser Umkehrung noch mit, der davon ausgeht, eine Hexe an ihrem (abweichenden) Verhalten erkennen zu können.

Goyas Hexen wirken auch deshalb derart real, weil in seinem karikierenden Stil die Unterscheidung zwischen menschlichen Wesen und Hexen unscharf wird, so wie im Aberglauben die Identifizierung dieser dämonischen Wesen ungewiß bleibt. Daraus folgt, daß es etwa bei den liturgischen Praktiken, die Goya darstellt (Nr. 70), schwerlich zu unterscheiden ist, ob er hier ketzerische religiöse Bräuche, welche die Kirche als Hexensabbat verdammte, treffen will, oder aber die Verzerrungen der offiziellen katholischen Liturgie selbst. Nach Meinung der Aufklärer war der katholische Glaube in Spanien selbst auf Aberglauben reduziert worden.[117]

Die Intellektuellen aus Goyas Umkreis wandten sich dem Hexenwahn voll lustvoller Neugier zu. Moratín etwa gab den Bericht über das berüchtigte Auto de fé in Logroño von 1610 mit einem burlesken Kommentar heraus.[118] Dies Interesse an Hexenprozessen war ähnlich ambivalent wie die Freude an Kuriositäten und Monstrositäten, an wissenschaftlichen und pseudowissenschaftlichen Erfindungen der Zeit, das sich zum Beispiel in vielen Graphiken und Anzeigen der Madrider Zeitungen niederschlug. Der Prodigienglaube findet hier seine Fortsetzung und wird in dieser Form gerade auch vom aufgeklärten Adel gefördert. Es werden die vielen Fälle der Durchbrechung von Alltagserfahrung aufgeführt bzw. die neuen Erkenntnisse der Wissenschaft werden wie Wundertaten

Asta su abuelo (Bis auf seinen Großvater zurück). Capricho Nr. 39

Quien lo creyera! (Wer würde es glauben!) Capricho Nr. 62

gewertet und fallen damit wiederum dem Aberglauben anheim.[119]

Daß die Welt nicht völlig durch die Vernunft beherrscht ist, daß es Störfaktoren gibt, sah Goya in diesen Bildern deutlicher als seine intellektuellen Freunde, die eher durch die Phantastik des Hexenglaubens fasziniert waren.

Dennoch verdanken sich auch Goyas Bilder gerade dem durchdringenden «Licht der Vernunft». Erst als nicht mehr voll geglaubter, entschwindender, aber noch naher Spuk wurden Hexen und Zauberei in dieser Intensität darstellbar und analysierbar. Die Zeitenwende zwischen der Nacht des Aberglaubens und der Taghelle der Vernunft, in der es um die Erkenntnis des schwer faßbaren Hexenwesens geht, hat Goya mehrfach dargestellt. *Wenn es Tag wird, verschwinden wir* rufen die Hexen einander, vor dem Sternenhimmel hockend, zu (Nr. 71), und: *Jetzt ist es Zeit* (Nr. 80) heißt das letzte Blatt der Serie. *Wenn es Tag wä-*

re, würde ein Gewehrschuß diese fliegende Gruppe auf den Erdboden bringen, aber es ist Nacht, niemand kann sie sehen, kommentiert Goya den Flug der Hexen durch die Dunkelheit (zu Nr. 64).

Goyas undeutliche Unterscheidung zwischen Hexen und menschlichen Wesen auf manchen Blättern (z. B. sicher nicht von ungefähr auf dem letzten Blatt der Folge, Nr. 80), weist auch auf das Ende und die Überwindung von Spuk und Aberglaube hin. Denn durch diesen Darstellungsmodus soll ausgesagt werden, daß ihr Ursprung der Mensch selber ist. Deutlich ausgesprochen hat Goya diese Überzeugung in dem berühmtesten Blatt seiner Folge, Nr. 43: *El sueño de la razón produce monstruos – Der Schlaf der Vernunft gebiert Ungeheuer.* Hier stellt Goya

Ya es hora (Es ist Zeit). Capricho Nr. 80

Antoine Watteau: «Rückkehr von der Insel Kythera». Paris, Louvre

den Künstler, sich selbst, dar, umgeben von den Gespenstern der Nacht. Obwohl Goya in manchen Blättern ähnlich erzieherisch dem Volk gegenübertritt – nahezu volksfeindlich wie die Literaten seiner Zeit – und die Dummheit des Volkes geißelt und für den Aberglauben verantwortlich macht, über den er als Intellektueller erhaben ist (vgl. seinen Kommentar zu Nr. 12), sieht er sich in diesem zentralen Blatt selbst als denjenigen, der Ungeheuer produziert, dessen unbeherrschten Sinnen sie entstammen, auch wenn er diese Künstlerselbstdarstellung im Druck gegenüber der Vorzeichnung zurücktreten ließ.

Der Zusammenhang zwischen Hexenszenen und Liebesszenen stellt sich her. Goya zeigt seine verstrickten und deformierten Menschen zwischen Leidenschaften, die ihnen als fremde Mächte gegenübertreten, und dem Zwang zur Selbstbehauptung gegenüber dem Partner, der keinem Gefühl zu trauen vermag. In diesen Negationen zeichnet sich die bürgerliche Erfahrung ab, daß die Empfindungen und Gefühle in der Welt zu orientieren vermöchten, wenn sie der Mensch selbst in die Hand bekäme.

Über Houasse[120] vermittelt, hatten Goya und die Madrider Teppichmaler in ihren Kartons noch Motive Watteaus aufgegriffen, durch den in ganz Europa die Darstellungen galanter Liebe beeinflußt war. Unter dem Eindruck der Befreiung vom absolutistischen Regiment Ludwigs XIV. hatte Watteau zu Beginn des 18. Jahrhunderts die Utopie einer auf Liebe und Egalität gegründeten Gesellschaft und Kommunikationsform entwerfen können. Diese freie Sozietät bedarf nicht der Etikette zur Regulierung wie am Hofe des Königs, sondern beruht auf der Balance zwischen Vernunft und Gefühlen im Innern eines jeden einzelnen. Natur und Kultur werden nicht durch Zwang aufeinander abgestimmt, sondern sind ununterscheidbar; darauf weisen Watteaus an englische Parklandschaften erinnernden Bildhintergründe hin, vor denen er seine galante Welt agieren läßt. Watteaus Liebespaare auf der Insel Kythera sind versunken in der vertrauensvollen Zuwendung zueinander und dennoch zwanglos dem Zug anderer, gleicher Paare eingefügt. Der regulierten Lebensform am absolutistischen Hofe stellt der Maler das Bild des bürgerlichen, liberalen Ideals der «fraternité» und «égalité» entgegen (freilich in einer frühen Ausprägung, noch in starker Anlehnung an aristokratische Lebensformen). Allerdings wird auch hier schon die Instabilität dieser idealen Sozietät im Thema des Abschieds von der Liebesinsel mit reflektiert.[121]

Gegen Ende des Jahrhunderts stellt Goya, trotz der Erfolge der Französischen Revolution, welche die Parole der Freiheit, Gleichheit und Brüderlichkeit vertrat, durch die aber die Last des absolutistischen Systems in Spanien um so drückender und auch bewußter erfahrbar wurde, die Unmöglichkeit einer Liebe dar, die Privatheit und Öffentlichkeit, Leidenschaften und Vernunft in sich versöhnt. Obwohl noch immer im höfischen Rahmen, sind in Goyas Darstellungen doch bereits Züge der bürgerlichen Gesellschaft, des erbarmungslosen Selbstbehauptungskampfes, getroffen. So ist es verständlich, daß gerade die *Caprichos* im 19. Jahrhundert – vor allem in Frankreich – eine breite Rezeption erfuhren. Nicht von ungefähr sind es die Romantiker und die elitären Kritiker dieser bürgerlichen Gesellschaft wie Baudelaire, die von ihnen berührt wurden.[122]

Diese breite Rezeption wird durch Goyas relativ abstrakten Stil erleichtert worden sein, mit dem er von Zeitkolorit und folkloristischen Zügen weitgehend absieht. Das entsprach dem universalistischen Anspruch seiner Kritik, die in der Tradition der Moralisten steht. Nur mit wenigen Strichen und Gegenständen wird der Ort der Begegnungen seiner Personen angedeutet: abstrakte Helldunkel-Komplexe charakterisieren die moralische Valenz der Szenen.[123]

Während Goya in seinen Genrebildern für die Osunas die galanten Szenen noch quasi intakt, in ihrer eigenen Welt der Parks darstellte, nur von außen, durch Banditen und Katastrophen bedroht und in Frage gestellt, geht es ihm in den *Caprichos* um die Enthüllung der Schwächen und Deformationen dieser Lebensweise und Kommunikationsform selbst. Er stellt daher seine Paare distanzlos und fast ambientelos dar, konzentriert sich allein auf ihre Interaktion. Seine Figuren bewegen sich mit eckiger Eleganz, sind eng und kontrastreich aufeinander bezogen, verstellen einander den Weg, messen sich mit Blicken; Haltung und Bewegung sind gespannt und exzentrisch. Die zwanglose Haltung und Bewegung der Watteauschen Figuren ist geschwunden. Goya schließt in den *Caprichos* eher wieder an den Bewegungsstil der Commedia dell'arte an, etwa an die marionettenhaften, preziösen Bewegungen der Figuren Gillots. Seine Personen sind damit als Rollenspieler, als Theaterfiguren charakterisiert. Die wahre menschliche Natur, nach der die Aufklärung forschte, wird durch das Spiel jedoch nicht mehr (wie etwa in den Theaterstücken Marivaux') erhellt, sondern unkenntlich gemacht.

Zeichnung und Karikatur

Goya hatte in dem Album von Sanlúcar und dem *Madrider Skizzenbuch* zum erstenmal die Zeichnung als selbständiges Medium erprobt.[124] Es geht ihm dabei weniger um die Verarbeitung beobachteter Alltagsszenen oder um Modellskizzen, als vielmehr um das Experimentieren mit «archetypischen» Situationen und Figuren seines moralistischen Themenkreises: junges Mädchen und alte Kupplerin, der Liebhaber und seine Dame, Paare, die einander beobachten, belustigen, sich streiten und raufen. Schon in diesen Zeichnungen, die den *Caprichos* vorangehen, konzentriert sich Goya allein auf die Figuren, die er vor verknappten Raum stellt, den er in großen Helldunkel-Komplexen in kühnen Schrägen gliedert. Umrißzeichnung und Helldunkel-Modellierung trennt Goya weitgehend voneinander, so wie er bereits Kontur und Farbe in seinen Genrebildern der neunziger Jahre voneinander löste. Goya legt damit die Elemente der traditionellen Zeichnungskunst auseinander, er kontrastiert breite Helldunkel-Flächen mit spitziger, elegant gekurvter und federnd gespannter Konturierung. Über modellgetreue, am Akt studierte Proportionen und Verkürzungen setzt sich Goya souverän hinweg. Vielmehr geht es ihm um die Erarbeitung expressiver, dabei äußerst vereinfachter Gesten, Bewegungsformen und Silhouetten. Goya nähert sich damit, noch von höfisch-klassizistischen Figurenformeln ausgehend, dem radikalen Linienstil der Kunst um 1800.[125] Dabei verzichtet er jedoch auf die einfache oder idealisierende Naturnachahmung der Klassizisten der Mengs-Nachfolge, die eine erneuerte Überprüfung der Bildformeln am Modell bzw. der griechischen Antike zur Voraussetzung dieses radikalen «Purifikationsstils» machte.

Drei Wäscherinnen. Zeichnung aus dem Madrider Skizzenbuch. New York, Metropolitan Museum of Art

Mit dieser ästhetischen Erneuerung, die zur Reduzierung bisheriger rokokohafter Schönlinigkeit führte, geht das Interesse an Mimik und Physignomik überein. Lavaters Frage nach dem Verhältnis von äußerer Erscheinung und innerem Wesen einer Person beschäftigte auch die Künstler. Sowohl das inhaltliche Interesse als auch die Form dieser Kunst bilden Aspekte der Verbürgerlichung der Kunst um 1800, der

Ausbildung einer Hauskunst, die Reproduktionsverfahren voraussetzte. Der lineare Stil um 1800 war nicht zuletzt bei den Versuchen, griechische Vasenmalereien durch Zeichnungen und Stiche zu reproduzieren, entwickelt worden. Der Ursprung der Malerei wird in dieser Zeit darin gesehen, das Profil eines Menschen, das auf die Wand projiziert wird, als Silhouette zu umreißen und somit genau reproduzieren zu können.[126] Das Porträt als Ursprung der Kunst, konturierender Stil, Probleme der Reproduzierbarkeit und Erfassung des Zusammenhangs von Wesen und Erscheinung des Individuums sind Aspekte dieser bürgerlichen Kunst, die in der Ausbildung der Karikatur ihre Zuspitzung erfährt.

Die Theorie der Karikatur, durch die ihre Praxis und Ausbreitung verstärkt wurde, ist in Zusammenhang mit der Theorie des Häßlichen zu sehen, die in Ansätzen im ausgehenden 18. Jahrhundert entwickelt wurde. Sie bedeutete zugleich einen Angriff auf den Klassizismus der Akademien, die Kunstinstitutionen der absoluten Monarchien, welche die Versöhnung von höfischen und bürgerlichen Interessen anstrebten. Mannigfaltigkeit, Wahrheit, «Realismus» zeichnen die Karikatur im Unterschied zum harmonistischen klassizistischen Idealstil aus, wie bereits Winckelmann zugibt.[127]

Die Darstellung häßlicher, gemeiner Gegenstände war nach dem Schönheitsbegriff des Klassizismus, der ideale Vorbildlichkeit forderte, grundsätzlich ausgeschlossen. Dieser Schönheitsbegriff wurde jedoch mit sich radikalisierenden Argumentationen im 18. Jahrhundert relativiert und diskreditiert.

Zunächst wurde die Darstellung von «objets désagréables» zwar akzeptiert, jedoch nur insofern, als die in der Natur häßlichen Gegenstände eine Transformation durch die Mimesis erfahren und somit in der Kunst dennoch dem Gesetz der Schönheit unterliegen, das heißt insbesondere dem Gesetz der Proportion und Harmonie.

Eine weitergehende Begründung für die Einbeziehung häßlicher Motive wurde von den englischen Theoretikern entwickelt, die von der Forderung nach einer direkten ästhetischen Affizierung unserer Sinne ausgehen: die Wirkung häßlicher Motive ist nachhaltiger und stärker. Erhabene und malerische Motive, durch deren Anerkennung der Bereich des Schönen hin zum Häßlichen ausgeweitet wurde, sind deshalb zu empfehlen, weil sie «gemischte Gefühle» in uns erwecken. Diese sind auf Grund ihrer Komplexität intensiver als die «einfachen Gefühle», die ideale Schönheit in uns erweckt.[128]

Die ästhetische Theorie bietet die Begründung für die Verschiebung der sozialen Wahrnehmung gemäß den bürgerlichen Interessen. Motive rücken in den Blickkreis der Künstler, die durch den Regelkanon der Akademien ausgeschlossen waren. Neben der Stärkung des Selbstgefühls insbesondere durch Darstellung und Wirkung von Naturgewalten, die Kant hervorhebt, wird die Intensivierung des Mitgefühls durch häßliche Motive wie die Darstellung deformierter, unglücklicher und deklassierter Menschen erreicht.[129] An der idealen Schönheit wird in dieser Diskussion nicht mehr als allgemeinem ästhetischen Postulat festgehalten wie durch die vorrevolutionären bürgerlichen Klassizisten an den Höfen, die in ihr eine allgemeinmenschliche Vorbildlichkeit erblickten. Sondern in diesem ästhetischen Kanon wird die reale historische Privilegierung und Absonderung der Aristokratie von den unteren Klassen erkannt. Sehr deutlich ist diese Erkenntnis der Klassenspezifik ästhetischer Werte von Lichtenberg ausgesprochen worden. Damit wurde die klassizistische Schönheit als ästhetischer Wert relativiert und zugleich von ethischen Werten abgekoppelt, die selbstverständlich mit der regelmäßigen Schönheit verbunden gedacht waren. Diese ethischen Werte, die Tugend, verlagert sich nun gerade in die neu entdeckten ästhetischen Bereiche des Häßlichen. Lichtenberg schreibt, daß die schönen, regelmäßigen Gesichtszüge den Großen, Vornehmen zukommen, weil sie weniger erleiden müssen; denn Leiden deformiert den Körper.[130] Lichtenberg hebt damit die physiognomische Diskussion, die durch Lavater in ganz Europa in Gang gesetzt wurde, auf eine neue Stufe. Die mechanistische Entsprechung von Wesen und Erscheinung, Tugend und Schönheit bei Lavater blieb durchaus noch im Rahmen des Akademismus, wenngleich diese akademischen Regeln nun von empirischen Individuen abgeleitet werden sollten und somit ihre abstrakte Allgemeinheit und Idealität verloren. Lichtenberg fordert dagegen eine Physiognomik, die den Charakter eines Menschen nicht aus seiner Erscheinung, sondern aus seiner Praxis, seinen selbstgeschaffenen Lebensumständen, zu erschließen sucht.[131] Hier wird der Zusammenhang zwischen der Verschiebung sozialer Wahrnehmung und ästhetischer Werte mit der bürgerlichen Emanzipationsbewegung sehr deutlich. Die Ästhetik, die zum Beispiel auch einen Niederschlag in der von Diderot neu begründeten Kunstkritik findet, postuliert nicht länger eine auf Proportion, Harmonie, Ordnung beruhende abstrakte Idealität, sondern sieht die Formen (etwa des menschlichen Körpers) in Bezug zu alltäglichen Funktionen und Handlungen und beurteilt ihre Angemessenheit, das heißt ihren ästhetischen Wert, unter diesem zweckrationalen Kriterium.[132]

Goya entwickelt seine Karikaturen aus den «máscaras», den Verkleidungen und karnevalistischen Larven, durch welche die Menschen sich unkenntlich machen (vgl. *Caprichos* Nr. 2, 6, und Nr. B 55 und B 59 des *Madrider Skizzenbuchs*). Danach experimentiert er mit der grotesken Form der Karikatur, wobei nur einzelne Körperteile unverhältnismäßig stark deformiert werden, so etwa eine herunterhängende oder durch Stützen auf dem Tisch gehaltene lange Nase (Nr. B 58, B 63, B 65 des *Madrider Skizzenbuchs*). Bereits in seinem Madrider Album setzt Goya diese Art der Karikatur in den monströsen Mischwesen, den eselköpfi-

Máscaras crueles (Grausame Masken).
Zeichnung aus dem Madrider Skizzenbuch.
Paris, Privatsammlung

gen Menschen und den Hexen fort. Hiermit bleibt Goya noch im Bereich der Kuriositäten, Monstrositäten und Mißgeburten, der durch die Graphik verbreitet wurde und auf die Sensationslust der höheren Klassen sowie auf die Ängste und abergläubische Neugier der Massen rechnen konnte. Die Form der Karikatur greift damit auf Mischwesen zurück, die der Barock mit seinen Grotesken und Fabeltieren entwickelt hatte und welche die Klassizisten auch in Spanien als unwahrscheinliche und unglaubwürdige Monsterbildungen kritisierten. Dies geschieht jedoch nun auf der neuen Stufe der Negation des höfischen Klassizismus und ästhetischen Idealismus. Goya geht jedoch über diese grotesken Karikaturen bald hinaus und entwickelt eine Art Objektivität und Natürlichkeit seiner unwirklichen Wesen, indem er die Gesetze der Gestaltung organischer Körper auch bei seinen Monstern beachtet. So zielen seine Änderungen, die er an den Entwürfen der Skizzenbücher für die endgültigen Kompositionen der *Caprichos* vornimmt, stets darauf ab, die unwahrscheinlichen Monstrositäten, das grotesk Karikaturhafte verschwinden zu lassen.[133] Allmählich entwickelt er bei seinen Phantasiegestalten eine Art natürlicher Häßlichkeit, die mit der Verla-

Caricat.s. Le pide cuentas la mujer al marido (Karikaturen. Die Frau bittet ihren Mann um eine Erklärung). Zeichnung aus dem Madrider Skizzenbuch

gerung der moralischen Problematik wie des Widerstreits zwischen Leidenschaften und Vernunft ins Innere des Menschen korrespondiert.

Zu der bürgerlichen, vom Hof sich abgrenzenden Interpretation des Häßlichen als Ausdruck des Leidens finden sich in Goyas ersten Skizzenbüchern und den *Caprichos* allerdings höchstens Ansätze, so etwa in der Radierung Nr. 54 *El vergonzoso*, der sich (seiner Häßlichkeit) Schämende, der ohne eigenes Verschulden an den Rand der Gesellschaft gestoßen wird. Die Ambivalenz zwischen Mitleid und Abscheu dieser menschlichen Kreatur gegenüber (die eine Ausnahmeerscheinung bleibt) wird in Goyas Bild deutlicher als in seinem distanzierten Kommentar.

Durchweg bleiben Goyas Karikaturen und Darstellungen häßlicher Motive auf einer früheren Diskussionsstufe stehen. Idealität und Karikatur werden (noch) dialektisch aufeinander bezogen, so wie Schönheit und Tugend, Laster und Häßlichkeit noch miteinander direkt korrespondieren. Die klassische Form der Einheit des Wahren, Guten und Schönen wird mit Goyas Bildern noch bestätigt. Es ist die Stufe des Winckelmannschen und Mengsschen Klassizismus, den Bürgerliche (noch) an den Höfen vertreten.

Goyas Interesse am Häßlichen und an der Form der Karikatur hängt mit der Massenwirksamkeit zusammen, die dieser Kunstform im ausgehenden 18. Jahrhundert zuerkannt wurde. Mit Moratín war sich Goya einig, daß Übertreibungen notwendig seien, um das Volk auf Laster aufmerksam zu machen. Diese didaktische Intention war ein Motiv für die Gründung einer Gesellschaft der Liebhaber des Häßlichen, die Moratín um sich versammelte.[134] Die Darstellung von Gemeinheit und Häßlichem blieb in Goyas *Caprichos* und seinen ersten beiden Skizzenbüchern noch an die Interessen des Hofes gebunden, der zwischen dem aufsteigenden Bürgertum und der Feudalaristokratie zu vermitteln sucht, deren Antagonismus im Bereich der Ideologie und Ästhetik erst ansatzweise hervortritt.

Goyas Kunstauffassung

Bereits 1792 hatte sich Goya in einer Stellungnahme, zu der alle Professoren der Akademie aufgefordert worden waren, von der akademischen Lehre distanziert. Statt wie seine Kollegen durch Vorschläge zur Reform des Unterrichts das klassizistische Lehrziel zu bekräftigen, den Schülern die Regeln für das Produzieren des ästhetischen Idealbildes der Natur zu vermitteln, fordert Goya schroff, daß allein die Natur selbst unbeschönigt nachzuahmen sei. Gipsmodelle nach antiken Statuen, an denen man die klassizistischen Regeln einübte, seien dabei wenig nützlich. Auch die Trennung der Kunstpraxis von den Wissenschaften wie Geometrie und Perspektive, welche die Lehrbarkeit der Kunst im Sinne der Akademie ermöglicht hatten, hält Goya für erforderlich.

Welch tiefes und undurchdringliches Geheimnis liegt in der Nachahmung der göttlichen Natur beschlossen, daß es ohne sie nichts Gutes gibt, nicht nur in der Malerei (die keine andere Aufgabe hat als ihre genaue Nachahmung), sondern auch in den übrigen Wissenschaften ...

Welche Empörung verursacht es, zu hören, wie die Natur im Vergleich zu den antiken Statuen gering geachtet wird ... ohne zu beachten, daß der kleinste Teil der Natur die, die am meisten wußten, verwirrt und voll Bewunderung erfüllt. Welche Statue noch Form nach ihr kann es geben, die nicht nach der göttlichen Natur kopiert wäre?[135]

Schon hier entfernt sich Goya aus dem Zirkel der Akademiker, um seiner eigenen Vorstellung folgen bzw. allein die Natur beobachten zu können, ohne sie auf Regeln reduzieren zu wollen, die, wie Goya deutlich zu erkennen gibt, allein dem *despotischen* Geschmack der Auftraggeber entsprechen. Er plädiert zugleich für eine größere Hochachtung vor der Kunst, die sich in einer großzügigeren Liberalität der Auftraggeber gegenüber dem Künstler manifestieren sollte. 1794 schreibt Goya in seinem Brief an Iriarte, daß er seine Phantasie, um sie von der Vertiefung in seine eigenen Leiden abzulenken, damit beschäftige, *Caprichos* zu malen, die zu Beobachtungen Anlaß gäben, zu denen bei Auftragsarbeiten keine Gelegenheit bestünde. Zu diesem Zeitpunkt sieht Goya offenbar schon keine Möglichkeit mehr, seine Kunst in Aufträgen aus dem höfischen Kreis zu verwirklichen, während zunächst die Anerkennung durch den Adel sein einziges erkennbares Ziel gewesen war.

In seiner Anzeige der *Caprichos* in der Madrider Zeitung 1799 begründet Goya dann, warum er nunmehr auch von der Nachahmung der Natur in ihrer Erscheinungsweise abrückt:

... Da der Autor überzeugt ist, daß die Kritik der menschlichen Natur und Laster (obwohl sie der Eloquenz und Dichtung zuzukommen scheint) auch Gegenstand der Malerei sein kann, hat er in seinem Werk angemessene Motive aus der Fülle der Extravaganzen und Fehltritte ausgewählt, die jeder menschlichen Gesellschaft gemeinsam sind. Und unter den Vorurteilen und gemeinen Betrügereien, die durch die Sitten, durch Unwissenheit oder Interessen sanktioniert sind, hat er die ausgesucht, die er für am geeignetsten erachtete, um Material für den Spott zu bieten und zugleich die Phantasie des Künstlers anzuregen.

Da der größte Teil der Motive, die in diesem Werk vorgestellt werden, ideeller Natur ist, ist es nicht zu kühn, anzunehmen, daß ihre Mängel bei den Kennern entschuldigt werden, wenn man berücksichtigt, daß der Autor keinen Vorbildern eines anderen gefolgt ist, noch sie nach der Natur kopieren konnte. Und wenn die Nachahmung der Natur schon sehr schwer ist und bewundernswert, wenn sie gelingt, wird auch derjenige einiges Lob verdienen, der sich vollständig von ihr entfernt und den Au-

gen Formen und Handlungen unterbreiten muß, die bis heute nur im menschlichen Geist existieren, der verdunkelt und verwirrt ist aus Mangel an Aufklärung oder erhitzt durch die Zügellosigkeit der Leidenschaften.

Man würde eine zu große Ignoranz in Dingen der Schönen Künste unterstellen, würde man dem Publikum mitteilen, daß sich der Autor in keiner der Kompositionen, die diese Sammlung ausmachen, vorgenommen hat, die besonderen Fehler dieser oder jener Person zu verspotten. Damit würde man in der Tat die Grenzen eines Talentes zu eng stecken und sich in den Mitteln täuschen, derer sich die nachahmenden Künste bedienen, um vollkommene Werke hervorzubringen.

An die Stelle der Mimesis-Theorie der bildenden Künste tritt hier die Poiesis-Theorie, die etwa die Literaten des Sturm und Drang, aber auch schon Young vertraten[136]: das Schaffen aus der individuellen künstlerischen Einbildungskraft verdrängt die sich an akademischen Regeln bzw. an der durch diese Regeln beschönigten und begrenzten äußeren Erscheinungsweise der Natur orientierende Kunst. Damit ist jedoch die Verbindung zwischen Kunst und Wahrheit erst eigentlich und neu geknüpft. Diese wird nicht mehr durch die Orientierung an der bestehenden gesellschaftlichen Realität und ihren Normen verbürgt, sondern allein durch deren interpretierende, kritisierende Darstellung des einzelnen Künstlers, der dieser Gesellschaft kritisch gegenübertritt. Die Wahrheit legitimiert somit die *Caprichos*, die scheinbaren Launen der Phantasie mit ihren «häßlichen» Motiven.[137]

Goya hatte zunächst offensichtlich das berühmte Blatt Nr. 43 als Titelseite seiner Folge der *Caprichos* vorgesehen. Die Inschrift der zweiten Vorzeichnung lautet *Universale Sprache. Gezeichnet und radiert von Francisco de Goya im Jahre 1797.* Und auf dem unteren Rand heißt es: *Der träumende Autor. Seine einzige Absicht ist, schädliche Gemeinheiten zu verbannen und mit diesem Werk der «Caprichos» das unumstößliche Zeugnis der Wahrheit zu verewigen.* Die Serie war 1797 offenbar noch als eine Folge von *Sueños* (Träumen) geplant. In dieser Form hatte schon Quevedo seine Kritik an der Realität kaschiert und veröffentlichen können.[138] Der Autor ist schlafend dargestellt, auf seine Druckpresse gebeugt. Gegen den Stuhl lehnt eine Kupferplatte mit der Radierung nach Velázquez' Bildnis der Infantin Margarita. Er ist umgeben von den Gestalten der Nacht, die auf Besessenheit, geistige Umnachtung und Ignoranz hinweisen. Strahlen des Lichts gehen vom Haupt des Künstlers aus. Hell und Dunkel sind einander als Licht der Vernunft und Dunkel der Ignoranz, des Aberglaubens, der Verstrickungen in Leidenschaften entgegengesetzt.

Der endgültige Druck dieser Komposition, die Goya nun nicht mehr zum Titelblatt seiner *Caprichos* bestimmte, weist einige Änderungen auf. Die Strahlen des Lichts um das Haupt des Künstlers fehlen. Die Druckpresse ist durch einen Tisch oder Block ersetzt. Nur noch Pinsel

Idioma universal (Universale Sprache).
Vorzeichnung zu Capricho Nr. 43

und das Schreibgerät in den Krallen einer Eule machen den Schlafenden als den Autor erkennbar. Die Inschrift lautet nun: *Der Schlaf der Vernunft bringt Ungeheuer hervor.* Nur in seinem Kommentar zu diesem Blatt bezieht Goya die Darstellung noch auf die Kunst, die zwischen Phantasie, Sinnenhaftigkeit und der Vernunft vermittelt: *Phantasie, die von der Vernunft verlassen ist, bringt unglaubliche Monster hervor; verbunden mit ihr ist sie die Mutter der Künste und Quelle aller ihrer Wunder.* Er plädiert damit für ein auf Phantasie gegründetes, aber der Allgemeinheit, der Vernunft verpflichtetes Schaffen. Für das Publikum hat Goya durch die endgültige Form der Komposition weniger das Problem des Künstlers als das der Allgemeinheit hervorgehoben, indem er allein vor dem Schlaf der Vernunft warnt. Er stellt sich selbst auf der endgültigen Titelseite der Serie auch nicht mehr als Maler dar, sondern als kritischen, skeptischen Beobachter seiner Zeit.

Bis zu diesem Selbstbildnis am Anfang der *Caprichos* hat Goya bereits einen weiten Weg zurückgelegt. Auf dem Familienbild des Infanten Don Luis und dem Staatsporträt Floridablancas hatte Goya sich als aufmerksamen Diener des Hofes hingestellt, der die Wünsche seiner Auftraggeber zu erfüllen sucht. In dem kleinen Selbstbildnis an der Staffelei, das um die Zeit des Iriarte-Briefes gemalt sein wird, sieht er dem Betrachter direkt ins Gesicht. Er arbeitet ohne Auftrag in seinem Atelier, einem unbekannten Publikum zugewandt. In den *Caprichos* sieht er sich nicht mehr als handwerklich arbeitenden Maler, sondern als Denker und Kritiker, als aufgeklärten Intellektuellen. Damit stellte er sich auf eine Stufe mit den Literaten seiner Zeit, die er in den neunziger Jahren so häufig porträtiert hatte. Wie Goya standen sie durch ihre literarische Arbeit zwischen Hof und Volk, aber sie wußten dabei – durch ihre Intellektualität privilegiert – souveräner ihre gesellschaftlichen Kommunikationsformen selbst zu bestimmen. Sie verkehrten etwa in den Adelskreisen sehr viel freier als Goya.[139] Zwar waren auch sie finanziell abhängig von der Aristokratie, zugleich aber für deren Zurschaustellung geselligen, aufgeklärten Lebensstils unentbehrlich, und damit der Erscheinung nach auf einer Stufe mit diesen, ganz anders als der Maler. Freiheit von den höfischen und aristokratischen Kreisen gewannen die Künstler selbstverständlich in dem Maße, wie das anonyme Publikum sie trug, sie von Theateraufführungen und Verlagsarbeit leben konnten. Diesen Weg der Literaten schlägt Goya mit seinen *Caprichos* deutlich ein. Er betont in seiner Annonce für die *Caprichos* die Ut pictura poiesis-These[140] und beansprucht damit für seine Kunst dieselbe didaktische Wirkungsmöglichkeit wie die Dichter für ihre Sprache.

Ein Vergleich mit Mitelli, von dem sich Goya mit zu seinem Blatt Nr. 43 anregen ließ, verdeutlicht dies noch.[141] Der Maler des ausgehenden 17. Jahrhunderts will mit seinem «Alfabeto in sogno» moralisierende Regeln für die Künstler aufstellen. Er bezeichnet sich selbst als Maler;

die Radierung ist noch nicht als eigene Kunstgattung für die Massen hervorgetreten. Seine Karikaturen haben noch den privaten Charakter der ersten karikierten Porträts der italienischen Künstler des 17. Jahrhunderts. Goya dagegen bezeichnet seine Darstellungen als *Ydioma universal*, als Universalsprache. Er greift die Radierung als Massenmedium auf und versteht die Karikatur als Zeichensprache, die von den Massen verstanden wird. Er beginnt für den anonymen Markt zu arbeiten und muß daher seine Kunst neu definieren. Die Kunst ist nicht mehr akademischen Regeln, sondern «der Natur» verpflichtet. Dies bedeutet, daß ein Kompromiß zwischen individueller Phantasietätigkeit und aufklärerischer Vernunft, das heißt ein didaktischer Bezug zu seinem Publikum geschaffen werden muß.

Auftragsarbeiten um 1800

Seit den neunziger Jahren tritt für Goya der Kontakt zu den Literaten seiner Zeit in den Vordergrund. Mit seinen *Caprichos* beanspruchte er, wie erwähnt, für die bildende Kunst denselben intellektuellen Rang wie die Poesie. Seit Goya beginnt, sich an das anonyme Publikum zu wenden – teilweise gezwungen durch finanzielle Schwierigkeiten –, ist er darauf angewiesen, Themen zu diskutieren, welche die Allgemeinheit, das heißt de facto die Intellektuellen, beschäftigte. Intellektuelle Auseinandersetzungen werden jetzt erst, mit der Arbeit für den freien Markt, in seinem Werk und seinen theoretischen Äußerungen faßbar. So erstaunt es nicht, daß Goya gerade in diesen Jahren, der zweiten Hälfte der neunziger Jahre, auch die Intellektuellen porträtiert hat, und zwar in anderer Form, als er die Adligen zuvor dargestellt hatte.

Der Stil dieser Bildnisse bewahrt noch die Feinlinigkeit der Adelsporträts um 1795; er arbeitet weiter mit zarten, gedämpften Tönen, die er nun jedoch dunkler vergraut. Die meisten dieser Porträts sind Brustbilder; seltener findet sich das Kniestück oder gar das Ganzfigurenporträt. Beim *Bildnis Iriartes* verwendet Goya noch die repräsentative Pose mit dem in die Hüfte gestemmten Arm. Mit feinen Lasuren sind die Spitzen des Jabots und der Ärmelmanschetten gemalt, der Stickerei der Weste wird mit kleinteiligen Farbtupfen nachgegangen. Der Raum ist jedoch nicht mehr offiziell ausgestattet; eine einfache Stuhllehne ist das einzige dargestellte Mobiliar.

Beim *Bildnis Meléndez Valdés* sind die Details der Kleidung, die der sozialen Differenzierung dienen, schon nicht mehr wichtig. Die einfache weinrote Fläche seines Rocks ist gegen das fein abgestufte Graugrün des Hintergrundes gesetzt. Bezeichnend ist, daß Goya auf viele dieser Bildnisse eine Widmung einträgt. Bei Iriarte spricht er noch relativ distanziert von «gegenseitiger Hochachtung». Bei Valdés und anderen bezeichnet er sich als *su amigo*, sein Freund Goya. Der Maler legt offensichtlich Wert darauf, daß seine Beziehung zu dem Dargestellten erkennbar wird, so wie er schon in dem frühen Porträt Floridablancas bemüht war, seine eigene soziale Position im Verhältnis zu der des Ministers zu definieren. Doch seine Beziehung zu diesen Auftraggebern hat nun eine neue Qualität gewonnen. Mit den Intellektuellen sieht Goya sich unter Gleichen, unter Freunden. Am intimsten ist das Bildnis des Dichters Moratín, der bis in die Exiljahre in Bordeaux mit Goya befreundet blieb. Das Steife, Posierende, die innere Distanz zwischen Maler und Modell scheint hier ganz überwunden. Auch die Brüstung fällt fort, hinter der Goya die Halbfigur des Valdés noch distanziert hatte. Damit erreicht Goya größere Nähe und Unmittelbarkeit. Die Kleidung des Dargestellten ist ohne stofflichen Glanz gemalt. Goya konzentriert sich auf das Gesicht des Dichters; Oberkörper und Hintergrund sind verschattet. Statt des glatten, lasierten Inkarnats seiner Adelsporträts, das einen feinen Puderton suggerierte, malt er hier Gesicht und die leicht ungeordneten Haare in fein abgestufter Tonigkeit. Nicht der soziale Status wird betont, sondern der Charakter, die Individualität des Dargestellten.

Auch bei offiziellen Aufträgen hebt Goya zuweilen eher die Persönlichkeit als die soziale Rolle des Porträtierten hervor. Den Minister Jovellanos hat er 1798 kurz vor seinem Sturz dargestellt, als er den Höhepunkt seiner Macht erreicht hatte. Entsprechend malt Goya ihn zwar in einem repräsentativ ausgestalteten Raum: die Draperie im Hintergrund, der vergoldete, geschnitzte Tisch und Stuhl, eine Statue Minervas, die sich direkt dem Dargestellten zuzuwenden scheint, als Hinweis auf seine Protektion der Künste. Jedoch sind diese Gegenstände in matten Tönen gemalt, ohne den stark hervortretenden Glanz, der etwa bei seinem Bildnis der königlichen Familie die Wirkung bestimmt. – Vor allem wird durch den Gestus der Melancholie des Dargestellten die offizielle Repräsentation gebrochen. Die persönliche Haltung gegenüber seinem Amt, die Intellektualität und das Dichtertum werden durch diese Haltung stärker hervorgehoben als seine höfische Position. Die geistige Kapazität seiner Personen interessiert Goya nun stärker als ihr Rang. Den Architekten Villanueva zeigt er, wie er in lebhafter Diskussion mit dem Betrachter seine Werke vorstellt, während er den Architekten Ventura Rodriguez auf sein Werk eher als ein statisches Zeichen seiner Position hinweisen ließ.

Trotz der deutlichen Interessenverschiebung, die an diesen Porträts abzulesen ist, sind die Jahre um 1800 doch auch die Zeit seiner größten Erfolge am Hofe. 1799 wurde Goya zum ersten Hofmaler mit einem Jahreseinkommen von 50000 Reales ernannt.[142] 1798 erhielt er seinen bedeutendsten Freskoauftrag, nämlich die Kirche San Antonio de la

Bernardo de Iriarte. Straßburg, Musée des Beaux-Arts

Florida auszumalen, ein Auftrag, der direkt vom Hof ausging, so daß eine Begutachtung durch die Akademie diesmal nicht erfolgte. Weiterhin malte Goya in diesen Jahren eine Reihe allegorischer Gemälde für den Palast Godoys. Der König gewährte ihm 1803 einen Unterhaltszuschuß für seinen Sohn, als Äquivalent dafür, daß Goya die Platten der *Caprichos* der Calcografía überließ. Schließlich malte Goya zwischen 1799 und 1801 die großen offiziellen Porträts des Königspaares und das königliche Familienbildnis.

Dieses Familienbild hat die Forschung und zahlreiche Goya-Interpreten irritiert und zu den unterschiedlichsten Deutungen veranlaßt. Das Bild ist immer wieder als Parodie auf den Monarchen und seine Familie

Gaspar Melchor de Jovellanos.
Madrid, Sammlung Vizconde de Irueste

gedeutet worden. Andererseits hat es auch nicht an Versuchen gefehlt, aus der «malerischen Schönheit» des Bildes auf Goyas fast liebevolles Interesse an den Dargestellten zu schließen.[143] Aus der Korrespondenz der Königin María Luisa mit Godoy, dem von ihr protegierten Minister, wissen wir, daß Goya vom Mai bis Juni 1800 nach Aranjuez fuhr, wo sich die königliche Familie in den Sommermonaten aufhielt, und zehn Studien der Familienangehörigen anfertigte.[144] Die Königin hätte es vorgezogen, wenn Goya das Bild in Madrid ausgeführt hätte, ohne die Familie mit Modellsitzungen zu behelligen, doch scheint Goya auf diesen Porträtstudien bestanden zu haben, die auch zur Zufriedenheit der Dargestellten ausfielen.[145] Es kann also jedenfalls keine Rede davon sein, daß die Porträtierten ihre Bildnisse als Parodie auffaßten. Die Kleidung hat Goya offensichtlich nicht an den Modellen, sondern nach anderen, bereits bestehenden Vorlagen oder Angaben gemalt. Hier entfaltet Goya nun einen Prunk und eine Farbenpracht wie wohl nie zuvor in einem seiner Porträts. Er verbindet die neue Materialität seines Farbauftrags mit einem Glanz der Farben, den er bei den intimeren Bildnissen seiner intellektuellen Freunde vermieden hatte. In dem Familienbild ist dadurch eine Repräsentation entwickelt, die auch den in dezenteren, vergrauten Tönen gemalten Adelsporträts der früheren Jahre nicht eigen war. Vergleicht man die Königsbilder um 1800 mit den gleichzeitigen Porträts der Intellektuellen, so läßt schon die unterschiedliche Malweise erkennen, daß Goya nun zwischen offiziellen Bildnissen und solchen privaten Charakters unterscheidet. Dabei spielt in diesen Jahren nicht unbedingt eine Rolle, ob Goya ein Bildnis aus eigenem Antrieb oder als Auftragsarbeit ausführte, sondern offensichtlich, ob er Möglich-

Leandro Fernández de Moratîn.
Madrid, Real Academia de San Fernando

Die Familie Karls IV.
Madrid, Prado

keiten entdeckte, zur Individualität des Dargestellten, das heißt seinem im bürgerlichen Sinne verstandenen Charakter, seiner Natur, vorzudringen. Das läßt sich deutlich an den Unterschieden der Königsbilder und dem Bildnis des Ministers Jovellanos ablesen. Diese bürgerlichen Porträts gewinnen nun eigenen Rang, sie werden nicht mehr den Adelsporträts angepaßt.

Goya stellt die königliche Familie auf flacher Bühne nebeneinander stehend dar, ähnlich wie in der Historienmalerei des ausgehenden 18. Jahrhunderts Raum und dekorative Elemente verknappt wurden, um

die Konzentration auf den moralischen Gegenstand, die Aktionen und ihre Beweggründe in den Individuen zu erhöhen. Diese intendierte Nahsichtigkeit wird durch die kräftigen Lokalfarben, die in diesen Jahren aufkommen, unterstrichen.[146] Auch bei Goya weist außerhalb der Personen nichts auf ihren königlichen Rang hin. Die Bilder des Hintergrundes, eine Landschaft und vermutlich die drei Grazien[147] sind allenfalls als vage Huldigung an die Königin zu verstehen. Dennoch macht Goya aus dem Bild kein bürgerliches Konversationsstück, in dem die intimen Beziehungen der Personen untereinander oder ihre privaten Liebhabereien im Familienkreis verdeutlicht würden, sieht man von der Geste der Königin ab, mit der sie ihre beiden jüngsten Kinder an sich zieht. Ihr Blick ist jedoch wie der aller Personen in starrer Repräsentation der eigenen Rolle und Position innerhalb der Familie nach außen gerichtet. Im Ausdruck und in den Gesten der Personen sind demnach keine Ansätze dafür zu erkennen, daß die Familie anders als ein politisches Gebilde im feudalistischen Sinne verstanden wird.

Daß dies Bild bereits früh als ein Zeugnis des Verfalls und der Korruption der bourbonischen Monarchie verstanden worden ist, wird durch die zwiespältige Gestaltungsweise bedingt sein: Goya malte, was von ihm verlangt wurde, ein Repräsentationsstück. Doch war sein Blick inzwischen für Charaktere im bürgerlichen Sinne sensibilisiert, für die nahsichtige Erfassung einzelner Individuen. Er stellt daher die Personen ohne den dekorativen Apparat dar, mit dem noch Mengs seine königlichen Auftraggeber umgeben hatte, und der sie durch die Art seiner Darstellung legitimierte. Bei der Konzentration allein auf die einzelnen Personen kann Goya im Sinne seines Auftrags doch nur die Wirkung der Kleidung durch seine Malerei steigern. Der «natürliche Wert» der Personen tritt um so sichtbarer hinter ihrer Garderobe zurück, so daß sie hohl und maskenhaft erscheinen. Zwar wäre es abwegig, anzunehmen, es hätte in Goyas subjektiver Intention gelegen, die königliche Familie dem Spott preiszugeben. Erfreut berichtet Goya weiterhin seinem Freund Zapater jede Gunstbezeigung am Hofe. Dennoch trug doch auch Goyas eigenes Werk dazu bei, das Emissionsniveau dieses Bildes in die Richtung auf eine kritische Rezeption hin zu bestimmen. Denn die modischen Typen, die Goya für seine höfischen Porträts studiert hatte, verwendete er ähnlich, nur karikiert oder ironisiert, in seinen *Caprichos*, wie die flatterhafte Dame von Welt oder die mit Schmuck behängte, für die Einschätzung durch ihre Umwelt blinde Alte (Nr. 16, 27, 55, 61). Waren diese Radierungen wiederum auch keine Anspielungen auf bestimmte Herzoginnen oder die Königin, so lag doch nahe, daß in der Rezeption Aspekte und Bereiche seiner Kunst kombiniert wurden, die Goya intentional voneinander trennte.

Rätselhaft erscheint vielen Interpreten Goyas Selbstporträt im Hintergrund des Königsbildes. Das Motiv des Malers an seiner Staffelei im Rücken der königlichen Familie ist deutlich von Velázquez' «Meninas» übernommen. Es ist jedoch hier noch schwieriger als bei Velázquez, einen bildlogischen Zusammenhang zwischen dem Hauptmotiv der Königsfamilie und dem des Malers im Hintergrund herzustellen.[148] Bezeichnend scheint mir gerade zu sein, daß Goya gar nicht versucht, seine Person in ein räumlich – und damit sogleich sozial – klar definiertes Verhältnis zu der Königsfamilie zu setzen, wie er es bei früheren Selbstbildnissen innerhalb seiner höfischen Bilder durchaus sehr deutlich und direkt getan hatte. Goyas Kopf erscheint dicht hinter den letzten königlichen Personen. Er stellt sich weder kleiner noch niedriger stehend dar wie etwa auf dem *Bildnis Floridablancas* und der Familie des Infanten Don Luis. Goya definiert sich nicht mehr als Diener und Vollstrecker der Befehle und Aufträge des Hofes. Der Vergleich, der vielmehr nahegelegt wird, liegt auf der physiognomischen Ebene, er betrifft die natürliche Beschaffenheit der Personen. Der kritische, beobachtende Blick, das skeptische Gesicht des Künstlers vergleicht sich mit den passiven, weit geöffneten Augen und geschminkten Gesichtern der königlichen Personen. Obwohl Goya sich mit diesem Bild wieder in höfischem Dienst fand, nimmt er doch die Definition seiner Künstlerrolle, die er mit den *Caprichos* gegeben hatte, nicht zurück.

Zwischen Aristokratie und Bürgertum

Farbe

Die Besinnung auf die Elemente der Kunst, die um 1800 zu beobachten ist, führt einerseits zur Reduktion der Malerei auf die reine, vereinfachende Umrißzeichnung, andererseits zu Experimenten mit der Farbe. Nach kunsttheoretischer Tradition, welche die absolutistischen Akademien kodifiziert hatten, war die Farbe der Zeichnung nachgeordnet. Wurde mit der Zeichnung Form, Substanz, Idee, das Geistige in der Malerei assoziiert, so mit der Farbe Akzidenz und Materie, der sinnliche Reiz der Malerei.[149] Noch Kant schreibt, daß die Zeichnung das Wesentliche in der Malerei ist. «Die Farben, welche den Abriß illuminieren, gehören zum Reiz; den Gegenstand an sich können sie zwar für die Empfindung belebt, aber nicht anschauungswürdig und schön machen: vielmehr werden sie durch das, was die schöne Form erfordert, mehrenteils gar sehr eingeschränkt, und selbst da, wo der Reiz zugelassen wird, durch erstere allein veredelt.»[150] Aber gerade diesem Element der Malerei wird nun, aus den antiakademischen Affekten und Definitionsversuchen heraus, nie gekannte Aufmerksamkeit geschenkt. Bereits Roger de Piles hatte zu Ende des 17. Jahrhunderts in Zusammenhang mit der frühen antiakademischen Tendenz der französischen Kunst zur Zeit des Niedergangs der Regierungszeit Ludwigs XIV. die Farbe aufzuwerten versucht.[151] Er begriff sie als den Teil der Malerei, der ihre Spezifik ausmacht, das heißt sie von den übrigen Künsten unterscheidet. Die gemeinsame Basis der bildenden Künste, die Zeichnung, welche für die Hofmaler, die als entwerfende Zeichner für die alle möglichen Luxusgegenstände produzierenden Manufakturen tätig waren, tritt nun in der Theorie zurück gegenüber dem Teil der Malerei, den sie nicht mit den übrigen Künsten teilt. Nicht von ungefähr wurde diese Theorie von den Künstlern nach dem Tode Ludwigs XIV. praktisch aufgegriffen. Die Pariser Maler, deren Tätigkeit sich, fern vom Hofe, im wesentlichen auf diese spezielle Kunst der Malerei konzentrieren mußte, waren darauf angewiesen, deren Besonderheit gegenüber den übrigen Künsten hervorzuheben. Die allmähliche Aufwertung einer farblichen Komponente in der Malerei beschäftigte dann wieder die Theoretiker des späten 18. Jahrhunderts. So schreibt Diderot ganz im Sinne des Roger de Piles: «Die Zeichnung gibt den Dingen die Gestalt, die Farbe das Leben, sie ist der göttliche Hauch, der alles belebt.»[152]

Auch diese vorrangige Beschäftigung mit der Farbe, die insbesondere in der (englischen) Landschaftsmalerei ihren Niederschlag findet, wird mit dem bürgerlichen Grundsatz der Rückkehr zur Natur, der Absage an akademisch höfische Künstlichkeit und Regelsysteme, legitimiert. Suchte man durch Reduktion auf die Umrißzeichnung um 1800 gleichsam archetypische Formeln für die Gegenstandswelt zu gewinnen (entsprechend der Suche nach den Ursprüngen, dem «Naturzustand» der Realität), so war die Farbe dasjenige Element der Malerei, das als Äquivalent für die natura naturans, die naturhafte Verbundenheit aller Dinge untereinander, für den Kreislauf der Naturkräfte, für das Prozeßhafte der Natur und der analog zu ihr gedachten menschlichen Geschichte sowie deren Reflexion begriffen und entwickelt wurde.[153] Es wurde zum erstenmal versucht, die Realität als ein sich selbst hervorbringendes System zu begreifen und dies visuell zu übermitteln. Durch ihre Farbuntersuchungen hielten die Maler zudem die Verbindung zu den sich entwikkelnden Naturwissenschaften, welche die eine Komponente des bürgerlichen Interesses an der Erfassung der Naturkräfte und der Behauptung des Menschen gegenüber der Natur bildete.[154] Das schloß nicht aus, daß mit dem Interesse an der Farbe zugleich eine Subjektivierung der Kunst einherging. Das Unbestimmte, Allgemeine der farblichen Charakterisierung ohne Präzisierung durch die Linie ließ die Erscheinungen rätselhaft, geheimnisvoll und vieldeutig, dem anfänglichen, fruchtbaren Chaos, dem Einssein der Dinge nahe werden. Die Aktivität der Rezipienten bei der Dechiffrierung solch farblich bestimmter Bilder wurde in hohem Maße notwendig und entsprach der Forderung nach Evokation «gemischter» Gefühle. Es mag daher nicht erstaunen, daß diese Farbenkunst, die von England ausging, vor allem die Aristokratie, die Intelligenz und das Großbürgertum fesselten, die zum einen als Käufer individuell hergestellter Gemälde überhaupt nur in Frage kamen, zum anderen auch diejenige Schicht war, die sich der Kultivierung komplexer, ambivalenter Emotionen, melancholischer, sentimentaler Reflexionen hingeben konnte. Die Träume des Kleinbürgertums dürften dagegen stärker durch die vom Linearstil der Kunst um 1800 abgeleitete Reproduktionsgraphik mit gegenständlich bestimmterer Thematik erfüllt worden sein, die von der romantischen Kunst ihren Ausgang nahm.

Gemälde des ersten Jahrzehnts des 19. Jahrhunderts

Sowohl in Goyas Kunst als auch in der Arbeit der meisten Künstler seiner Zeit fanden beide Tendenzen der Kunst um 1800 ihren Reflex. Denn die bürgerlichen Künstler waren darauf angewiesen, Gemälde zu produzieren, in denen die subjektivistische Chiffrierung an Wert gewann, sowie als Zeichner und Graphiker für eine breitere Öffentlichkeit zu arbeiten und daher klare, allgemein verständliche, und das hieß, der «Natur der Dinge» entsprechende Bildzeichen zu entwickeln.

Nicht von ungefähr knüpft Goya an den englischen Porträtstil in dem Jahrzehnt nach 1800 an, als er, mit Ausnahme der Bildnisse des Thronerben Fernando VII. von 1808 und 1818 und des Bildnisses Godoys von 1801 kaum mehr Bildnisse für den Hof oder von Mitgliedern des Hofes malte. Der bürgerliche Porträtstil, den er nun in Anknüpfung an seine Intellektuellenbildnisse der neunziger Jahre entwickelte, blieb im wesentlichen bis zum Ende seines Schaffens unverändert. Bei diesen Porträts kam es nicht mehr darauf an, die Dargestellten in ihrer Klassenzugehörigkeit und sozialen oder repräsentativen Funktion zu charakterisieren, sondern nach bürgerlichem Verständnis ihre Individualität hervorzuheben. Goyas Kolorit ist nun von dunklerer Farbigkeit bestimmt, in der die Lokalfarben zugunsten einer allgemeineren Tonigkeit zurücktreten. Breiterer, weniger verriebener Farbauftrag mit fließenden Übergängen, bei dem die künstlerische Handschrift und die Farbmaterie stärker hervortreten, charakterisieren den Stil dieser Bildnisse und bilden das formale Äquivalent für die akzentuierte Subjektivität seiner Modelle wie ihrer Interpretation durch den Maler.[155]

Hatten die bürgerlichen Bildnisse der neunziger Jahre noch die Zierlichkeit und Fragilität der Gestalten von Goyas Adelsporträts bewahrt, so malt Goya den Schauspieler Máiquez 1807 breit die Bildfläche füllend. Er ist in der Revolutionsmode mit ungepudertem, wirrem Haar und ungeschminktem, bräunlichem Inkarnat dargestellt. Hemd und Rockaufschläge sind nur flüchtig skizziert, so daß die Anpassung der bequemen bürgerlichen Kleidung an die Bewegungen des Mannes deutlich wird. Die ungleich geformten Augen und Brauen, der etwas schiefe Mund geben dem Gesicht den Ausdruck von Beweglichkeit und Verwegenheit.

Noch stärker ist diese Suggestion innerer Dynamik bei dem Porträt der Isabel de Porcel. Die asymmetrische und vereinfachte und stumpflinige Silhouette, die sogar vom rechten Bildrand überschnitten wird, die feste Körperlichkeit, die unregelmäßig geschlungene, sich dem Körper anschmiegende Mantilla vermitteln den Eindruck gespannter Gegenwärtigkeit. Die Porträts der Zarate und der Sabasa dagegen, mit dem in mürben, verwischten Farbtönen gemalten Inkarnat, den leicht verschlei-

Isidro Máiquez. Madrid, Prado

erten großen dunklen Augen und dem etwas unscharf gezeichneten, weichen Mund prägen das Bild weiblicher Sensibilität und Vielschichtigkeit, das Goyas adlige Damen, noch im Lichte repräsentativer Öffentlichkeit stehend, niemals vermittelten, sondern das den Rahmen bürgerlicher Privatheit voraussetzt.

In diesen bürgerlichen Porträts hebt Goya stärker als je zuvor individuelle Qualitäten hervor. Die Weichheit der Stoffe, der Umrisse, der Modellierung, die dunkle Grautonigkeit lassen die Dargestellten in einer gewissen Unbestimmtheit und suggerieren damit die Unergründlichkeit dieser bürgerlichen Charaktere.[156]

In diesen Jahren paßt Goya nun das Adelsporträt zum erstenmal dem Stil seiner bürgerlichen Bildnisse an. Das kam zweifellos den Intentionen der Madrider Aristokratie entgegen, die keinen Grund mehr hatte, ihre Erscheinungsweise von der des Großbürgertums abheben zu wollen. Seit dem Frieden von Basel (1795) wurde die spanische Politik praktisch von Paris diktiert. Die Umwandlung Spaniens in einen bürgerlichen Staat mußte dabei für den Hof und die aristokratische Gesellschaft als kaum vermeidbar erscheinen. Um die Monarchie zu retten, blieb Godoy keine andere Wahl, als zu versuchen, für seine Politik die Unterstützung der Liberalen zu gewinnen, indem er ihnen Zugeständnisse machte. Trotz reaktionärer Rückschläge konnten diese bis zum Ende der napoleonischen Kriege im wesentlichen noch das Geistesleben in Madrid prägen.

Schon die Condesa de Chinchón, die Gattin Godoys, malte Goya in einfachem weißem Kleid fast ohne Dekor vor schwarzem, unbestimmtem Hintergrund. Einfacher noch wirkt die Marquesa Villafranca in völlig kahlem Raum, in dünnem Empirekleid und mit kurzem Haarschnitt gemalt. Zum erstenmal stellt Goya adlige Damen dar, die auf ihre Fähigkeiten hinweisen lassen. Nicht als Adlige, sondern als Künstlerinnen legitimieren sich die Villafranca wie auch die Marquesa de Santa Cruz, die eine als Malerin, die andere als Musikerin.

Zu Goyas schönsten männlichen Adelsporträts gehören zweifellos die des Conde de Fernán-Núñez und des Marqués de San Adrián, die kaum mehr als Adlige vorgestellt werden. Zum erstenmal gelingt es Goya, auch die Darstellungsweise dieses Porträttyps zu individualisieren. Fernán-Núñez ist jedenfalls teilweise in Majo-Kostüm, mit dem konservativen Dreispitz gekleidet. Sein Schatten fällt auf die vergraute Landschaft, die von Helldunkel-Kontrasten und dem Gegensatz zwischen steilem Gebirge und flachem Flußtal geprägt ist. Jedes repräsentative Attribut außer den «erhabenen», jedoch nur als Fernbild gestalteten Naturmotiven, fehlt. Die hochgezogenen Brauen, der abgewandte Blick, das kaum merkliche Lächeln geben dem Gesicht einen romantischen, abwesenden Zug, der dem Kostüm entspricht, das an glänzendere Zeiten adliger Freiheiten erinnert.

San Adrián ist wie ein Angehöriger der englischen Gentry im Reitkostüm dargestellt, die biegsame Gerte in der aufgestützten Hand. Die Linke hält ein Buch aufgeblättert, das einen Hinweis auf seine Bildung gibt. Die lässige Haltung, die s-förmige, dabei straffe Biegung – die Hogarth als Linie der Schönheit definiert hatte –, das hochmütige Gesicht erinnern an englische Porträts. Jedoch das Unsentimentale, die Knappheit der Formen, die zu Rechtwinkligkeit und Abstraktheit tendieren, klingen an den französischen Revolutionsstil an.

Hatte Goya im ersten Jahrzehnt des 19. Jahrhunderts seinen Porträtstil vereinheitlicht, indem er die Adelsporträts stilistisch an die bürgerlichen Porträts anglich, so hält er die traditionelle akademische Unterschei-

Conde de Fernán-Núñez.
Madrid, Sammlung Duquesa de Fernán-Núñez

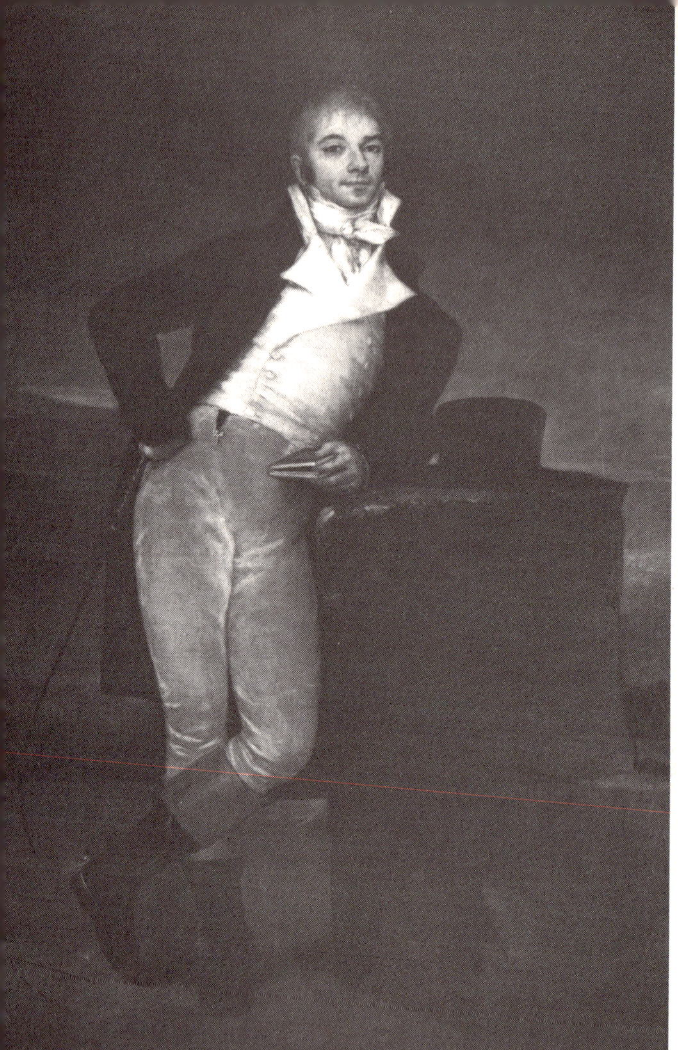

Marqués de San Adrián. Pamplona, Diputatión Foral

dung zwischen Historienbild bzw. mythologischer Darstellung und Genrebild auch durch den Einsatz unterschiedlicher Stilmittel aufrecht. Ließen sich die Unterschiede zwischen Adel und Großbürgertum in ihrer Selbstdarstellung überbrücken – und dies entsprach der politischen Situation –, so waren die ästhetischen Interessen und Ansprüche des Adels (repräsentiert im Historienbild) einerseits und die Leiden und Lebensnöte der untersten Volksschicht, die Goya zum Inhalt seiner nicht auftragsgebundenen, genrehaften Kunst macht, andererseits, nicht miteinander vermittelbar. Goya malt, wahrscheinlich für den Minister Godoy, die beiden sogenannten *Majas*[157] und um dieselbe Zeit *Amor und Psyche*. Besonders mit diesem Bild nähert sich Goya dem napoleonischen Empirestil, der auch am Madrider Hof gefallen mußte, seit dieser sich nur in enger Ausrichtung an Pariser Direktiven aufrechterhalten konnte. Nach dem ethischen Rigorismus des durch David geprägten Revolutionsstils wurden in der napoleonischen Ära wieder erotische, laszive Szenen bevorzugt. Schon in der Thematik bedeutet dies einen Rückbezug auf die höfische Bildkultur des 18. Jahrhunderts, entsprechend

Amor und Psyche. Barcelona, Museum (Sammlung Cambó)

der Durchsetzung großbürgerlicher politischer Interessen in dieser Phase. Zwar behalten die neoklassizistischen Gestalten die Plastizität wie im Figurenstil der David-Zeit. Ähnlich wie etwa Girodet in Frankreich[158], verunklärt Goya die Umrisse der Figuren, die er aus dem Dunkel auftauchen läßt. Anders als in seinen Porträts dieser Jahre behält Goya allerdings trotz dieser Verschattung des Bildgrundes und teilweise der Figuren eine emailhaft glatte, scheinbar materielose Farbgebung bei. Die Gesichtszüge sind wie bei Marionetten hart aufgezeichnet und wirken geschminkt, ohne die weiche Tonigkeit und Individualität seiner Porträts dieser Zeit.

Fast gleichzeitig malt Goya die Geschichte des Banditen Maragato und seit etwa 1808 die Szenen aus dem napoleonischen Krieg, in denen er die Schönfarbigkeit seiner Genrebilder der achtziger und neunziger Jahre gänzlich negiert und in kruden Helldunkel-Kontrasten und bräunlichen und grauen Tönen, fern jeglichem klassizistischen Schönheitsbegriff, die Leiden des Volkes darstellt. In der Auseinandersetzung mit dieser Thematik entwickelt Goya noch einmal ganz neue Gestaltungsmöglichkeiten, die er zu den frappantesten Lösungen in seiner Graphikserie *Los Desastres de la Guerra* (*Die Schrecken des Krieges*) steigert.

Aufstand und Kunst des Volkes

Die Kriegsbilder

Im Unterschied zu den *Caprichos*, die Goya 1799 veröffentlichte, sind seine *Desastres de la Guerra*, an denen er um 1810 und erneut um 1820 arbeitete, zu seinen Lebzeiten nie ediert worden. Goya hat nur aus Probedrucken ein Exemplar zusammengestellt und seinem Freund Ceán Bermúdez zur Begutachtung gegeben.[159] Das erscheint zunächst erstaunlich, bedenkt man, daß Goya in den *Desastres* die Greueltaten während des napoleonischen Krieges schildert, in dem das ganze spanische Volk einig mit seinem König gegen die französischen Imperialisten gekämpft hatte. An einer politischen Zensur kann also die Veröffentlichung – jedenfalls unmittelbar nach Beendigung des Krieges – kaum gescheitert sein. Der Grund scheint vielmehr darin zu liegen, daß Goya durch diese Auseinandersetzung mit dem Aufstand des spanischen Volkes gegen die Franzosen seine eigene Identität, die an seine Stellung am Hofe gebunden war, problematisch wurde und diese Unsicherheit ihn von der Veröffentlichung abhielt.

Mit der Kritik an den gesellschaftlichen Verhältnissen in Spanien, die Goya in seinen *Caprichos* vorbringt, bleibt er noch in der Tradition der Moralistik. Diese hatte ihren Grund in der Herausbildung der absolutistischen Höfe, die wiederum von der Entwicklung des bürgerlichen Handels und der partiellen politischen Entmachtung des Feudaladels abhing. Neue Verkehrsformen wurden sowohl am Hofe erforderlich, wo sich die Vertreter des Adels ihre Stellung zum Monarchen gegenseitig streitig machten und sich durch diese Position am Hofe auch selbst definierten, als auch beim handeltreibenden Bürgertum. In Verstellung, Intrige, dem Auseinandertreten von Sein und Schein wird die Krise der gesellschaftlichen Interaktion, die Verunsicherung der gesellschaftlichen Rollen erkennbar, die die Moralisten in ihren Schriften reflektierten. Ein strategisches Denken wird entwickelt, das nach den verborgenen Motiven des anderen fragt, das, zunächst auf den politischen Bereich beschränkt, sich bereits bei Machiavelli ankündigt. Die Moralisten, unter ihnen Gracián und Quevedo als größte spanische Vertreter dieser Richtung, verallgemeinern dieses Denken, das Handlungsanweisungen entwickelt, um in einer atomisiert erscheinenden Gesellschaft, wo jeder gegen jeden kämpft, sich seiner Haut zu wehren. Die große Gestalt eines solchen Strategen ist der «pícaro» der spanischen Literatur, ein zynischer Weiser, der die Fragwürdigkeit der Realität erkennt und entsprechend in ihr operiert.

Die Frage nach der Identität der eigenen Person sowie die der Partner, die Suche nach dem Menschen in der Nacht der Verblendung, des Betrugs und des Irrtums, dies alte moralistische Problem war das Thema der *Caprichos*. Es sei an die vielen Blätter erinnert, die die Liebesbeziehungen am Hofe (Nr. 7, 27), aber auch in der plebejischen Schicht in Frage stellen, an das Blatt Nr. 61 (*Volaverunt*), das auf die Unbeständigkeit der Dame von Welt anspielt, an die Verkleidungs- und Verjüngungsversuche einer Greisin (Nr. 55), oder, besonders deutlich, das Blatt *Nadie se conoce* (Nr. 6), *Niemand kennt sich*, in dem das alte Motiv des Karnevals des Lebens aufgegriffen wird. Die moralistische Kritik dieser Folge, welche die Organisation der Höfe zur Voraussetzung hatte, wurde am Hofe auch toleriert, stand sie doch letztlich wiederum in seinem Dienste. Goyas Kritik in seinen *Caprichos* ist also vergleichsweise konventionell und enthält noch nicht oder nur ansatzweise die politische Problematik, die seine *Desastres de la Guerra* kennzeichnet.

In keinem Land, das Napoleon mit seinen Truppen besetzte, konnte er so wenig Fuß fassen wie in Spanien.[160] Es hatte ihm als Seestützpunkt dienen sollen und interessierte ihn zudem wegen der überseeischen spanischen Kolonien. Spanien sollte nach der Vorstellung Napoleons durch Sozial- und Verwaltungsreformen modernisiert werden und damit ein Niveau und eine Führungsschicht erhalten, die eine Kooperation garantieren würde. Zunächst schien diese Rechnung auch aufzugehen. 1808 hatte Carlos IV. nach dem Volksaufstand von Aranjuez zugunsten seines Sohnes Fernando VII. abdanken müssen. Die französischen Truppen, die 1808 in Spanien eindrangen, fanden keinen Widerstand, sondern wurden begrüßt als die Befreier, die den Infanten Fernando, auf den sich alle Hoffnungen konzentrierten, als Monarchen einsetzen sollten. Fernando und sein Vater Carlos IV. wurden jedoch von den Franzosen in Bayonne inhaftiert und statt dessen Joseph, der Bruder Napoleons, mit Hilfe des Generals Murat, in Madrid inthronisiert. Dieser Versuch, die die feudalistischen Kräfte, das heißt Kirche und Granden, begünstigende bourbonische Monarchie zu stürzen, mißlang jedoch. In den wenigen Jahren der Regierungszeit Josephs, von 1808 bis 1813, war das spanische Land niemals fest in der Hand der Franzosen. Joseph mußte mehrmals aus Madrid fliehen. Cádiz blieb ein Bollwerk der spanischen Liberalen, die hier eine spanische Verfassung ausarbeiteten. 1812 schlugen die Truppen Wellingtons die Franzosen entscheidend, so daß

Napoleon 1813 gezwungen war, Fernando VII. die Regierung wieder zu übertragen. Bis zu dessen Amtsantritt 1814 war ein Regentschaftsrat eingesetzt.

Der französische König Joseph hatte in den unsicheren Jahren seiner Regierung immerhin versucht, Reformen durchzuführen. Er konnte sich dabei nur auf eine schwache Elite stützen, welche die Reformen im Sinne der französischen Aufklärung begrüßte. Diese administrative und intellektuelle Elite war jedoch isoliert, ohne Verbindung zum spanischen Volk, ohne breite Unterstützung durch das Bürgertum, das seit dem Untergang des spanischen Welthandels politisch bedeutungslos geworden war. Der Versuch, gestützt auf eine reformwillige Schicht, eine aufgeklärte Monarchie einzuführen, mißlang also. Die spanischen Reformer wurden als Kollaborateure sowohl vom spanischen Volk als auch von der spanischen Regierung verfolgt. – Fernando, der als Märtyrer des napoleonischen Krieges vom ganzen Volk gefeiert wurde, machte bald nach seiner Freilassung alle in ihn gesetzten Hoffnungen zunichte. Er stützte sich ausschließlich wieder auf die Kirche und den privilegierten Adel. Ebenso isoliert wie die Reformer kämpfte auf der anderen Seite das Volk. Während es in Madrid verzweifelten Widerstand gegen die Truppen Murats leistete, verbarrikadierten sich Adel und Bürger in ihren Palästen und Häusern. Der nationale Volksaufstand, nirgends von einer solchen Spontaneität wie in Spanien, in dem sich die Unterdrükkung von Jahrhunderten entlud, wandte sich einzig und allein gegen die französischen Invasoren, in der richtigen, instinktiven Erkenntnis zwar, daß, wie Marx anläßlich dieses spanischen Befreiungskampfes sagt, Imperialismus und Emanzipation der Völker unvereinbar sind.[161] Doch wurde dieser Befreiungskampf gänzlich in die Bahnen der Reaktion gelenkt, indem etwa Priester und Mönche, die diesen Kampf auf der untersten Ebene anfachten und ihn mittrugen, das Volk für Kirche und spanische Monarchie kämpfen ließcn. Damit war der aufgeklärten Reformpartei die breite Unterstützung des Volkes entzogen.

Goya erhielt unmittelbar nach der Abdankung Carlos' IV. von der Akademie den Auftrag, den Thronerben zu porträtieren und führte daraufhin das Reiterbildnis Fernandos aus.[162] Im Dezember 1808 schwor er dem französischen König Joseph «Liebe und Gehorsam», wie es von allen Mitgliedern der Akademie verlangt wurde. 1809, nun Hofmaler Josephs, wurde er aufgefordert, Gemälde aus den königlichen Sammlungen für das Musée Napoléon auszusuchen. 1811 erhielt er von dem französischen König einen Orden. Er porträtierte dessen prominente Anhänger, so den Minister Manuel Romero und den französischen General Guye. 1810 malte er im Auftrag der Stadt Madrid eine Allegorie als Hommage an Joseph.[163] Goya gehörte somit zweifellos zu dem Kreis der liberalen Kollaborateure, und er mußte sich als solcher 1814 rechtferti-

Y son fieras (Und sie sind wie wilde Bestien). Desastres de la Guerra Nr. 5

gen.[164] Er hatte sich diesen liberalen, aufgeklärten Standpunkt, der in Spanien mit Sympathie für alles, was aus Frankreich kam, gleichgesetzt wurde, langsam und nicht ohne Mühe im Kontakt mit der bürgerlichen und adligen intellektuellen und administrativen Elite am Hofe angeeignet und damit zugleich seine Stellung am Hofe gefestigt. Die *Caprichos* sind die erste Bilanz im Prozeß seiner Auseinandersetzung mit dieser Spätphase der höfischen Kultur in Madrid. Man kann davon ausgehen, daß er die Politik des Königs Joseph ebenso wie seine Freunde (z. B. des Schriftstellers Moratín) mit Sympathie verfolgte, zumal sie für die Intellektuellen solch evidente Vorteile brachte wie die Abschaffung der Inquisition.

Andererseits konnte sich Goya der patriotischen Bewegung, die unter anderem durch den Madrider Aufstand initiiert wurde, schwerer entziehen als seine Freunde. Er zeichnete als einer, der Spenden für die aragonesische Armee geben wollte, die Joseph 1808 aus Madrid vertrieben hatte.[165] Sein aragonesischer Stolz scheint vor allem durch die ruhmreiche Verteidigung Zaragozas gegen die Franzosen geweckt worden zu sein. Palafox, der diese Verteidigung dirigierte, und den Goya später porträtiert hat, lud Goya ein, «die Ruinen der Stadt zu sehen und die ruhmreichen Taten ihrer Bürger darzustellen»[166]. Goya, zweiundsechzigjährig, setzte sich den Strapazen und Gefahren aus und reiste nach

Con razón ó sin ella (Mit oder ohne Vernunft). Desastres de la Guerra Nr. 2

Lo mismo (Dasselbe). Desastres de la Guerra Nr. 3

Zaragoza. Als er im Mai 1809 zurück in Madrid war, drückte er in einem Brief sein Erstaunen darüber aus, daß die Akademie noch keine Entscheidung über sein 1808 gemaltes Bildnis Fernandos VII. getroffen habe.[167] Auch dies mag ein Indiz dafür sein, daß Goya seit der Erhebung der Bürger von Zaragoza den Volkskampf für diesen spanischen König als seine Sache ansah. – Im Anschluß an diese Reise nach Zaragoza arbeitete Goya an den *Desastres de la Guerra*, einer Folge von 82 Radierungen, die 1863 von der Madrider Akademie veröffentlicht wurde.

In einigen Blättern dieser Folge scheint Goya eine ähnliche Verachtung des Madrider Volkes zu zeigen, wie sie der großbürgerlichen Aufklärung eigen war und in Frankreich zum Beispiel für Voltaire kennzeichnend ist, mit dessen Perspektive, welche die des landbesitzenden Bürgertums ist, noch nicht die der Industriebourgeoisie, Goyas Sicht einiges gemeinsam hat.[168] Ein Beispiel ist sein Blatt Nr. 28 (*Populacho* – Mob), wo aufgebrachte Spanier auf einen Franzosen einschlagen, der bereits tot ist, während Bürger und Adlige mißbilligend oder erschreckt vorübergehen. Andere Darstellungen machen jedoch deutlich, daß Goya diese Entfesselung grausamer Instinkte weniger dem Volk selbst anlastet, als daß er darin die zerstörerische und brutalisierende Folge und Wirkung des Krieges sah, auch hierin den Enzyklopädisten nahe. Er hatte die Folge *Fatales consecuencias de la sangriente guerra en España con Buonaparte y otros caprichos enfáticos* genannt. *Fatale Folgen des blutigen Krieges in Spanien gegen Bonaparte* ... Schon dieser Titel macht deutlich, daß er weniger den Ruhm als vielmehr das Elend dieses Krieges als sein Thema ansah.

So sind Szenen, welche die Heldentaten des Volkes glorifizieren, durchaus in der Minderzahl. Am eindrucksvollsten ist hier die Darstellung der Heldin von Zaragoza (Nr. 7), Agustina. Nachdem die Bürger ihre Stadt bereits verloren gegeben hatten – niemand stand mehr zur Bedienung der Kanonen zur Verfügung –, stieg sie über Leichen hinweg und gab die Schüsse ab, die den Feind letztlich zwangen, sich zurückzuziehen.[169]

Goya zeigt des öfteren Frauen, die sich im Kampf gegen die Franzosen hervortun und den Männern vorangehen. *Die Frauen geben Mut* heißt ein Blatt (Nr. 4), in dem Goya darstellt, wie sie sich in wildem Kampf gegen französische Soldaten zur Wehr setzen. Eine ganze Reihe Blätter handelt davon, wie spanische Frauen aus dem Volk ihre Ehre und ihre Kinder verteidigen und darüber, wie Goya sagt, zu Bestien werden (Nr. 4, 5). – Goya zeigt in vielen seiner Blätter die Grausamkeiten gegen das Volk, so in Nr. 31, wo ein Bauer erhängt gezeigt wird, und in Nr. 33, wo Franzosen einen Spanier in brutalster Weise foltern, oder Nr. 32 mit dem Mord an einem Guerrillakämpfer. Dennoch scheint mir die Anordnung der beiden Darstellungen seiner Serie, die unmittelbar auf das erste Blatt, die *Traurigen Vorahnungen*, folgen, programmatisch zu sein: In dem ersten erdolchen französische Soldaten Rebellen, die sich mit Messer und Lanze zur Wehr zu setzen suchen, und Goya gibt dieser Darstellung den distanzierenden Titel *Mit oder ohne Grund*. In der darauffolgenden Darstellung wird ein spanischer Bauer gezeigt, der mit der Axt einen Franzosen tötet, und Goya gibt als Kommentar an: *Dasselbe.* Gewalt und Grausamkeit, mit oder ohne Grund, findet sich auf beiden Seiten. So ist denn auf vielen Radierungen auch gar nicht zu erkennen, ob Franzosen oder Spanier die Opfer sind. In Nr. 14 kann es sich um einen Kollaborateur oder einen Franzosen handeln, der, vom Priester geleitet, erhängt werden soll. Bei dem Blatt Nr. 16 bleibt undeutlich, welche Partei die Toten entkleidet und sie beraubt. Nr. 17 zeigt fliehende Reiter, ohne daß erklärt würde, ob es sich um spanische Kavallerie der offiziellen Armee oder wiederum um napoleonische Truppen handelt. Goyas Inschrift lautet nur: *Siempre sucede* (*Das passiert dauernd*).

Weitaus der größte Teil der Radierungen zeigt denn auch die Leiden des Krieges, ohne daß Goya darstellte, wer sie verursacht hat. Totenfelder stellt er dar (Nr. 22, 23), Hunger und Epidemien als Folgen des Krieges, unter denen das Volk litt. Goya zeigt Frauen und Kinder (Nr. 18, 50) in einer kahlen Landschaft, dem Tode geweiht; einen Mann, der über einem Leichenhaufen zusammenbricht (Nr. 12). Goya macht deutlich, daß dieser Krieg vor allem die Schwachen und Armen trifft. Zwar finden sich unter den Blättern, welche durch die Hungersnot von 1811/12 in Madrid angeregt sind, auch die wenigen Ansätze von humanem Handeln (Nr. 49, 59), die Goya jedoch durch seinen Kommentar gleich wieder relativiert und ihre Vergeblichkeit betont: *Was hilft hier ein Napf voll?* lautet die Inschrift zu Nr. 59. Gerade unter den späteren Radierungen dieser Folge sind Darstellungen, die beweisen, daß sich Goya des Klassenantagonismus bewußt ist, der gerade im Krieg aufbrechen mußte, wo besonders kraß hervortritt, daß Unglück und Leiden ungleich verteilt sind. Er stellt in Nr. 57 die Armen und Kranken den Gesunden gegenüber, wie seine Inschrift erklärt. Nr. 54 (*Bitten sind umsonst*) zeigt einen Adligen, der gleichgültig vorübergeht, zugleich aber auch nichts als ein Schatten, allein und isoliert gegenüber den zu Skeletten Abgehungerten, die dennoch als menschliche Individuen gekennzeichnet sind und sich in ihrem Elend zusammenschließen.

Die letzten Darstellungen dieser Folge, die Goya selbst als *Caprichos enfáticos* bezeichnet hat (nachhaltige Eingebungen der Phantasie), und die er vermutlich um 1820 schuf, sind als Kommentare zur politischen Reaktion unter Fernando VII. zu verstehen. Nicht von ungefähr kehrte Goya hier – auf neuer Stufe zwar – zu dem höfischen Stil der Verschlüsselung und Allegorisierung zurück, durch den er Falschheit, Betrug oder die verdummende Macht der Kirche darstellt, zum Beispiel in Nr. 77 *Möge das Seil zerreißen,* auf dem der Geistliche über der heulenden Masse balanciert, oder in Nr. 74, wo die Menge blindlings dem falschen Zauber der Mönche folgt.

Que se rompe la cuerda (Möge das Seil zerreißen). Desastres de la Guerra Nr. 77

Goyas Titel für diese Serie und seine Kommentare machen deutlich, daß es ihm weniger darum geht, die Heldentaten, die der Krieg ermöglicht, noch seine Ziele darzustellen, als vielmehr das Elend, das er bewirkt. Ähnlich wie die französischen Frühaufklärer, etwa Voltaire in seinem «Candide» oder auch die Enzyklopädisten, verurteilt Goya die Barbareien des Krieges. In dem Artikel «guerre» aus Diderots Enzyklopädie heißt es: «Man sah ihn [d. h. den Krieg] immer die Welt verwüsten, den Familien das Erbe rauben, die Staaten mit Witwen und Waisen füllen. Ein beklagenswertes, doch alltägliches Unglück. In allen Zeiten haben die Menschen aus Ehrgeiz, Habgier, Mißgunst, Bosheit einander ausgeplündert, verbrannt, umgebracht. Um dies auf sinnvollere Weise zu tun, haben sie Regeln und Prinzipien erfunden, die man Kriegskunst nennt, und von der Anwendung dieser Regeln Ehre, Adel und Ruhm abhängig gemacht ...»[170] Goyas Darstellungen haben jedoch, das wird zu zeigen sein, noch andere Hintergründe als diese Ablehnung der Kriege des Adels und der absoluten Herrscher aus der Sicht der französischen Aufklärung, in der sich das Interesse des Handelsbürgertums artikuliert, das auf Frieden und Recht bedacht sein mußte.

Goyas Stil ändert sich im Laufe seiner Arbeit an den *Desastres*. Die Figurendarstellung der frühen Blätter (Nr. 5, 9, 11) arbeitet noch mit den fein konturierenden und akzentuierenden Umrissen, sie zeigt die Feingliedrigkeit – typisch sind die kleinen, spitzen Füße – und die exzentrischen Bewegungen, die für viele Blätter der *Caprichos* charakteristisch sind und durch die Goya die Zerrissenheit, den ständigen Rollenwechsel und die innere Unwahrheit seiner Personen sichtbar macht (vgl. *Capricho* Nr. 72). Dabei darf man jedoch nicht übersehen, daß die Handlungen, die in den *Desastres* dargestellt werden, von Anfang an nicht mehr in der Verhaltenheit höfischer Verstellung und Insinuation sich vollziehen, sondern von brutalster Direktheit sind. Dem paßt Goya in seinen späteren Blättern auch seinen Figurenstil an: die Umrisse werden massiger und einfacher. Er verzichtet – zum Beispiel bei der Kleidung – auf die Darstellung von Details. Die Bewegungen sind rein funktional, oder aber es finden sich große, pathetische Gesten, die mit der Exzentrik der *Caprichos* nichts mehr gemein haben, wie in Nr. 61 die schon nicht mehr bittenden, sondern resignierend ausgebreiteten Arme des Hungernden.

Charakteristisch für diesen neuen Figurenstil ist auch die sich verhüllende Gestalt in Nr. 62, die gänzlich ohne aktive Beziehung zu ihrer nur von Toten gebildeten Umwelt bleibt, dennoch kraftvoll in ihrer Gedrungenheit und Trauer, mit der sie sich in sich selbst verschließt. Diese neue Qualität in Goyas Erfassung menschlichen Verhaltens zeigt sich auch in der Szene Nr. 53, wo die Trauernden als eine zusammengehörige Gruppe einfach nebeneinander stehen, ohne die spitzfindigen, eleganten Kontraste und Verschränkungen der einzelnen Figuren in den Gruppen der *Caprichos*, ohne das Lauernde und gegenseitige Beobachten, das die Beziehung dieser Figuren kennzeichnet (vgl. *Capricho* Nr. 5, 7, 16, 26). Dieser Unterschied dürfte dadurch bewirkt sein, daß die *Desastres* nicht mehr wie die meisten *Caprichos* an Hof und Kirche – wenn auch in der Negation – gebunden sind.

Noch in anderer Beziehung ändern sich Goyas Kompositionen während seiner Arbeit an den *Desastres*. Deutete er in den frühen Blättern häufiger den Ort an, eine Kirche, die Stadt im Hintergrund, oder wenigstens einen Baum, der mit seinen abgeknickten Zweigen ein Echo des Kampfes ist, so schwinden diese Definitionen des Ortes, wo Kampf und Leiden stattfinden, zunehmend. Im Vergleich zu seinem Zeitgenossen Galvez, der 1812 eine Aquatintafolge über die Belagerung Zaragozas («Ruinas de Zaragoza») herausgab und ebenfalls die Heldentat der Agustina (Nr. 7) wiedergab[171], hatte Goya seine Darstellungen ohnehin nicht im chronistischen Sinne aufgefaßt und daher kaum Hinweise auf den historischen Kontext gegeben. Im Unterschied zu Galvez hat Goya die Szene mit dem Mädchen wirkungsvoll isoliert. Nicht die Stadt, aus der sie kommt und die sie verteidigt, noch der Gegner, auf den sie zielt, sind zu sehen, sondern einzig die Heldentat der einsam handelnden Frau.

Diese Reduktion des napoleonischen Krieges auf den Kampf oder das

Leiden einzelner oder isolierter Gruppen verschärft Goya noch im Laufe seiner Arbeit. In seinem Bild *Yo lo vi – ich habe es gesehen* (Nr. 44) markiert er noch deutlich die Situation: die Stadt im Hintergrund, woher der Strom der Fliehenden kommt, die Richtung, aus der man den Feind erwartet, das Kastell auf dem Berg als Bild des Schutzes aus feudalistischer Zeit. In dem späteren Bild einer Flucht (Nr. 45) bleibt die Landschaft abstrakt, nur die Fliehenden mit ihrem Hausrat sind eingezeichnet, während ungeklärt bleibt, woher sie kommen und wohin sie sich wenden. Damit schwindet zugleich der Hinweis auf die Ursachen und den historischen Kontext dieses Volkskampfes. Die Anspielungen auf die napoleonische Invasion werden immer undeutlicher. In den letzten allegorisierenden Darstellungen lassen die Bilder mit den Fabelwesen und allegorischen Tieren, die teils bekämpft, teils von der irregeleiteten Masse angebetet werden (Nr. 73, 76), vollends offen, wer als Feind zu verstehen ist.

Auch Goyas Inschriften zu den einzelnen Blättern erklären nicht, sondern unterstreichen Sinnlosigkeit und Hoffnungslosigkeit dieses Kamp-

Las camas de la muerte (Die Lager des Todes).
Desastres de la Guerra Nr. 62

Espiró sin remido (Er starb, denn es gab keine Hilfe).
Desastres de la Guerra Nr. 53

fes. *Man weiß nicht, warum, Mit oder ohne Grund, Dies ist noch schlimmer, Es gibt keine Hilfe* heißen etwa die Kommentare zu den Greueltaten. *Sie kennen den Weg nicht* wird ein Blatt (Nr. 70) bezeichnet, welches das Motiv des Blindenführers aufnimmt, der, selbst blind, seine Gefolgsleute in den Untergang führt. Diese individuell Kämpfenden und Leidenden sind ohne gesellschaftlichen Rückhalt, nur die Toten stehen hinter dem letzten Opfer (Nr. 36). Sie kämpfen ohne Führung und ohne die Gründe zu kennen, alleingelassen, sie kämpfen aus eigener Kraft, ein Kampf ums Überleben, mehr wird nicht deutlich.

Anders hatte Callot das Elend des Krieges sichtbar gemacht.[172] Bei ihm entsteht es aus der Mechanik des Krieges. Seine Darstellungen zeigen, daß eine überschaubare Strategie den Kampf lenkt, hinter der ein absoluter Herrscher steht, der die Heere planmäßig einsetzt. Callot stellt das anonyme Leiden der als Werkzeuge eingesetzten Volksmassen dar. Schon dies war eine neue Perspektive gegenüber den höfischen Schlachtenbildern, die nahezu ausschließlich der Verherrlichung des Siegers dienen. Goya dagegen hat den Kämpfenden, die immer aus den unteren Schichten der Bevölkerung stammen, den Bauern und Tagelöhnern der Städte, ein Gesicht gegeben, wie wohl kein Künstler vor ihm. Er zeigt nicht das passive Leiden und Überrolltwerden wie Callot, son-

Que valor (Welch ein Mut). Desastres de la Guerra Nr. 7)

dern macht deutlich, daß es sich um einzelne, individuelle Menschen handelt, die sich zur Wehr setzen und angreifen und zu den Brutalitäten des Krieges fähig sind. Diese Individualisierung bedeutet zugleich eine Humanisierung, trotz der Grausamkeiten, die Goya in aller Drastik dem Volk anlastet. Eine solche Sicht war wohl die letzte aufklärerische Möglichkeit der Moralistik, die in der Literatur meines Wissens nicht mehr realisiert worden ist. Sie dürfte darin zu sehen sein, daß die Vergegenwärtigung dieses hoffnungslosen Kampfes des einzelnen, der ziellos, nur ums nackte Überleben geführt wird, weil der Feind unerkannt bleibt, nicht mehr zu einer verachtenden Distanzierung wie bei den *Caprichos* führen kann. Er führt vielmehr zur Solidarisierung, so wie sich die kleinen Gruppen der Kämpfenden und Leidenden auf diesen Bildern zusammenschließen. Darin ist die neue Volksnähe dieser Blätter zu sehen.

Im Zusammenhang mit dem napoleonischen Krieg sind auch die beiden großen Ölgemälde, die den 2. Mai und den 3. Mai 1808 darstellen, entstanden. Goya malte sie 1814, als der Krieg beendet, Fernando VII. aber noch nicht nach Madrid zurückgekehrt war. In einem Brief an den Regentschaftsrat, dem Luis de Borbón vorstand, für den Goya in früheren Jahren eine Reihe von Aufträgen ausgeführt hatte, bat Goya um finanzielle Hilfe, um, wie er schrieb, die höchst bemerkenswerten und heroischen Taten und Ereignisse *unserer glorreichen Erhebung gegen den Tyrannen von Europa malen zu können*[173]. Diese Unterstützung wurde ihm gewährt. Auf dem ersten Bild ist die Erhebung der Madrider Volksmassen gegen die Mamelucken, die der französische General Murat befehligte, dargestellt, auf dem zweiten Bild die Exekution der spanischen Rebellen am darauffolgenden Tag. Diese beiden Bilder sind Goyas repräsentativster Beitrag zu der neuen Form des Historienbildes, die im späten 18. Jahrhundert zuerst von Benjamin West entwickelt worden war.[174] Diese neuen Historienbilder folgten nicht mehr der akademischen Auffassung, daß nur durch die Entrückung des vorbildlichen Helden aus der Gegenwart und Alltagswirklichkeit – etwa durch zeitlose oder antikisierende Kostüme und idealisierte Figurentypen – diese ihre Dignität ausspielen und ihrem beherrschenden Anspruch gemäß wirken könnten. Vielmehr wollten diese Historienbilder der vorrevolutionären Phase und der frühen Phase der Französischen Revolution die Helden lebensnah und auf gleicher Stufe mit den bürgerlichen Betrachtern dieser Bilder darstellen, um gerade durch diese Distanzlosigkeit Einfühlung zu ermöglichen und Nacheiferung nahezulegen. In dieser Weise hatte

Juan Galvez: «Bateria del Portillo» (Geschützstand vor den Toren). Aquatinta aus der Serie «Ruinas de Zaragoza». Cádiz 1812

auch David den Tod des Marat (1793) dargestellt. Er beabsichtigte, ihn so zu malen, wie er ihn einen Tag vor seiner Ermordung gesehen hatte.[175] David gelingt es, diese triviale Situation – Marat in der Badewanne, das Handtuch um den Kopf geschlungen – durch die äußerste Strenge und Einfachheit der Definition des Ortes, wobei er auf alle genrehaften, ausschmückenden Details verzichtet, in ihrer historischen Bedeutsamkeit und Tragik erkennbar zu machen. Marat ist zwar dem Betrachter ganz nah gerückt und mit porträthaften Zügen dargestellt. Dennoch stilisiert David das nur leicht vom Todeskampf gezeichnete Gesicht und gibt ihm ein fast heiteres Lächeln. Marat ist, wie Robespierre es ausdrückte, als Wohltäter der Menschheit und Märtyrer der Republik dargestellt.[176] David hat in bezug auf ein anderes Bild, sein Porträt von Lepelletier, der getötet wurde, weil er für die Hinrichtung des Königs gestimmt hatte, artikuliert, zu welchem Zweck er diese Helden und Märtyrer der Revolution darstellte: «Ich werde meine Aufgabe erfüllt haben, wenn mein Bild eines Tages einen alten Vater veranlassen wird, folgendermaßen zu seiner zahlreichen Familie um ihn zu sprechen: Kommt, Kinder, seht diesen Abgeordneten, der als der erste starb, damit ihr die Freiheit haben solltet. Seht seine Gesichtszüge an, wie heiter sie sind. Das rührt daher, daß diejenigen, die für ihr Vaterland sterben, untadelig sterben ... Seht ihr die tiefe Wunde? Weint ihr, Kinder, und wendet euch ab? Doch betrachtet diesen Lorbeerkranz, der die Unsterblichkeit bedeutet. Das Vaterland hält ihn für jeden von euch bereit! Lernt, seiner würdig zu sein! ... Sollte je ein Diktator den kleinsten Teil der Volkssouveränität usurpieren wollen, oder sollte die Feigheit einen König vorschlagen, dann kämpft oder sterbt lieber wie Michel Lepelletier, als daß ihr zustimmt. Der Lorbeer der Unsterblichkeit, meine Kinder, wird euer Lohn sein.»[177]

Im Unterschied zu David stellt Goya auch in diesen repräsentativen Bildern, die für die Öffentlichkeit bestimmt waren, keine ruhmreichen Führer der spanischen Erhebung dar, die das spanische Volk auch nicht hatte finden können. Vielmehr sind es namenlos gebliebene Guerrillakämpfer, die sich in spontaner, aber notwendig auch folgenloser Aktion den französischen Imperialisten widersetzt hatten. Goya glorifiziert sie nicht, er zeigt sie nicht ohne Todesfurcht. Im Vergleich zu Marat sind die spanischen Rebellen ein verlorener Haufen mit dumpfen Gesichtszügen, von Leiden, hartnäckiger Entschlossenheit und Hoffnungslosigkeit gekennzeichnet. Goya hat die Hinrichtung der Spanier in Analogie zum Martyrium Christi gedeutet. Die Geste des Rebells im Mittelpunkt des Bildes, den die Kugeln erwarten, ist die des gekreuzigten Christus. Seine Hände zeigen die Wundmale. – Auch die französischen Historienbilder der Revolutionszeit greifen zwar Motive aus der christlichen Märtyrer-Ikonographie auf; so erinnert die Wunde in der Brust des Marat eben-

Yo lo ví (Ich sah dies). Desastres de la Guerra Nr. 44

Y esto también (Und dies auch). Desastres de la Guerra Nr. 45

falls an Christus, seine Haltung ist mit der einer Pietà verglichen worden.[178] Bei Goya ist jedoch auch durch den anwesenden Mönch, der mit dem Volk leidet, diese Analogisierung mit dem Leiden Christi doch wohl direkter als Glaubensbekenntnis zu verstehen, nicht nur als überkommene und daher allgemein verständliche Pathosformel, die zur Übermittlung eines neuen Inhalts gewählt wurde. Diese durch den Feudalismus geprägte christliche Ideologie mit ihrer Schicksalsergebenheit und dem ihr korrespondierenden Pessimismus bleiben die eine Komponente in Goyas Bildern. Die Wirklichkeit und die von ihr diktierten

Der 3. Mai 1808. Madrid, Prado

Kommunikationsformen, die hier im brutalen Kampf gegeneinander und im Untergang kulminieren, werden durch sie als hoffnungslos denunziert. *Nada* (*Nichts*), so spricht der halb sich erhebende Leichnam; Tod, Vergeblichkeit, Vanitas scheinen das letzte Wort zu sein nach Aussage dieses Bildes, einem der letzten Blätter der *Desastres* (Nr. 69).

Jedoch hat auch Goya ein Gegenbild dieser Wirklichkeit entworfen oder, wie bereits angedeutet, läßt sich aus seinen pessimistischen Bildern doch eine Kehrseite heraussehen. Um ihre Spezifik zu verstehen,

Murió la Verdad (Die Wahrheit ist gestorben). Desastres de la Guerra Nr. 79

müssen diese Ansätze bei Goya wiederum mit den Revolutionsbildern der französischen Maler verglichen werden.

Davids Malerei wird von dem frühen Delacroix fortgesetzt, insbesondere seinem Bild der «Liberté», das die Juli-Revolution von 1830 verherrlicht, in der sich nun jedoch eindeutig die Interessen des Großbürgertums durchsetzen, das sich gegen die wieder eingeführte bourbonische Monarchie wandte.[179] Das Volk wird auf dem Bild von der Freiheit geführt, um für seine Rechte zu kämpfen. Der Sterbende zu Füßen der Freiheit blickt zu ihr auf voller Hoffnung und Vertrauen.

Auch Goya hat die Freiheit dargestellt, nicht jedoch in einem repräsentativen Gemälde, sondern in einer kleinen, privaten Zeichnung. *Divina Libertad* (*Göttliche Freiheit*) hat er das Blatt genannt, das etwa 1820 in der kurzen Zeit der Rückkehr zur Verfassung von 1812, die in einer Revolution erzwungen wurde, gezeichnet sein wird und auf eine Serie von Bildern Gefangener in Goyas Skizzenbuch folgt.[180] Wie Delacroix hat auch Goya einen Bürger dargestellt, offenbar einen Schriftsteller. Es geht also um Gedanken-, weniger um Handlungsfreiheit. Diese wird als Geschenk des Himmels empfunden, nicht als erkämpfte Bedingung bürgerlichen realen Lebens. Es ist darauf hingewiesen worden, daß die Geste dieses Schriftstellers der des Christus am Ölberg von Goya gleicht, die dieselbe Ergebenheit in sein Schicksal bedeutet.[181] Freiheit bleibt eine unwirkliche Vision wie die Gerechtigkeit, die Goya auch in seinen späteren Darstellungen nur in dem traditionellen, abstrakten Symbol der Waage darzustellen weiß.[182]

Doch hat auch Goya eine konkretere Vision des neuen Lebens, ein Gegenbild zu dem Kriegszustand dargestellt. Er entwickelt dieses Bild schrittweise in den letzten drei Radierungen der *Desastres*. Blatt Nr. 79 heißt: *Die Wahrheit ist gestorben*. Bischof und Mönche begraben sie in heuchlerischer Trauer, während rechts die Gerechtigkeit mit ihrem

Divina Libertad (Göttliche Freiheit). Zeichnung aus dem Skizzenbuch C. Madrid, Prado

Esto es lo verdadero (Dies ist das Wahre). Desastres de la Guerra Nr. 82

Attribut, der Waage, sitzt und verzweifelt ihr Gesicht verdeckt. Es ist deutlich, wen Goya als Totengräber der Wahrheit versteht, nämlich die Kirche. Das nächste Blatt, Nr. 80, wagt die Frage: *Wird sie wieder auferstehen?* Auch hier ist sie in einem strahlenden Licht dargestellt, doch umgeben von den Mächten der Finsternis, die ihre Auferstehung zu verhindern suchen. Goya hat diese Mächte gerade in den Jahren der neuerlichen Zerschlagung der liberalen Bewegung in Spanien, nach 1820, immer häufiger dargestellt. Sie verdrängen in seinem Werk den Glauben an den Sieg der Vernunft immer wieder. Schließlich das letzte Blatt, Nr. 82, zeigt das wahre Leben: Die Wahrheit legt den Arm um die Schulter eines Bauern und weist ihm den Weg in die Natur, die nun nicht mehr wie in den Kriegsszenen als desolate Landschaft und Öde erscheint. Ein Baum voller Früchte, reiche Korngarben sind zu sehen, ein Schaf und ein Korb mit Früchten stehen in Reichweite des Bauern und deuten darauf hin, daß dieser Reichtum der Natur dem arbeitenden Bauern gehören könnte, der mit seinem Werkzeug bereitsteht und dem nur der Weg gewiesen werden muß. Mit diesem Bild des wahren Lebens greift Goya auf arkadische Motive zurück, die nach der Französischen Revolution in Europa kaum mehr fortschrittlichen, utopischen Gehalt aufwiesen, sondern im allgemeinen als Bild einer statischen, archaischen Gesellschaft, eben einer feudalen, zum Gegenbild der Revolution und der durch sie hervorgerufenen Veränderungen wurde. Im Kontext seines Werkes und der historischen Situation in Spanien verstanden, wird jedoch an Goyas Bild arkadischen Glücks eine andere Bedeutungsvalenz erkennbar.

Goya zeichnete und radierte in den Jahren nach dem Krieg fast ausschließlich für sich – ausgenommen die *Tauromaquia*, die er 1816 publizierte. Seine Rolle als Hofmaler scheint ihm selbst erst in dieser Zeit suspekt geworden zu sein. Bis über den Ausbruch der Französischen Revolution hinaus hatte er sich im Kreise seiner aufgeklärten Freunde am Hofe der Elite zugehörig fühlen können, die voller Hoffnung war, Spanien unter Beibehaltung der Monarchie in eine bessere Zukunft zu führen, trotz aller Rückschläge und Schwierigkeiten. Es war kein Widerspruch zu seiner Rolle als Höfling, sondern machte sie gerade aus, daß Goya sich nur scheinbar in das Leben am Hofe eingebunden fühlen mußte, sich dabei jedoch auf eine Position des detachierten Kritikers zurückziehen konnte, der die Verstrickungen der Verkehrsformen seiner Zeit durchschaut und sogar zu sich selbst, soweit er aktiver Teilnehmer am gesellschaftlichen Leben seiner Zeit ist, Distanz bewahrt. Nur so läßt sich auch Goyas halsbrecherisch schneller Wechsel zwischen Ergebenheit gegenüber den Bourbonen und dem französischen König Joseph, den er offensichtlich mit dieser Rolle vereinbaren konnte, erklären.

Jedoch nach Scheitern des spanischen Aufstands wurde zu offensichtlich, daß die Monarchie nicht einmal mehr die Interessen des liberalen Bürgertums wahrnahm, geschweige denn das der Volksmassen im Auge hatte. Goyas Darstellungen des Krieges mußten daher die höfische Perspektive sprengen. Seine beiden Bilder des 2. und 3. Mai 1808 in Madrid hat er zwar noch für den Hof gemalt. Aber sie verschwanden sofort in den Depots der königlichen Sammlungen und wurden vergessen.[183] Der mit diesen Bildern an den Hof gerichtete Appell konnte von der Monarchie nicht anders beantwortet werden. Im Unterschied zu David konnte sich Goya mit diesen Bildern nicht an eine bürgerliche Öffentlichkeit wenden, um ein exemplum virtutis zu geben. Unmittelbar im Anschluß an die Revolution war es die neue, bürgerliche Funktion der Maler in Frankreich, die Erinnerung an die Revolution wachzuhalten und dazu aufzurufen, ihre Errungenschaften zu verteidigen. In Spanien konnte Goya jedoch nur sehen, daß die aktiv und aus eigener Initiative kämpfende Klasse, nachdem sie die Stabilisierung der bourbonischen Monarchie erreicht hatte, von dieser erneut versklavt wurde. Mit dieser Erfahrung mußte auch alle Hoffnung auf die erneuernde Kraft der großbürgerlichen liberalen Aufklärung schwinden, die versagt hatte. So mußte sich Goya auf die Seite der verführten, dumpfen und brutalen Volksmassen schlagen, in denen er dennoch eine Direktheit, Kraft und Verbundenheit untereinander entdeckt, die ihm neue Möglichkeiten der

François-André Vincent: «Agriculture» (Der Ackerbau). Bordeaux, Musée des Beaux-Arts

Solidarität an Stelle der höfischen, intriganten Kommunikation aufgehen und darstellbar werden läßt. Sein Historienbild des 3. Mai 1808 hat seine Wahrheit behalten, während wir in den französischen Historienbildern, die häufig wieder zu antikisierenden und idealisierenden Formen zurückkehren, spätestens seit der napoleonischen Zeit, vielleicht aber doch schon in den Davidschen Festzugentwürfen von 1793 etwa, einen unwahren Ton entdecken, der daher rührt, daß hier die Großbourgeoisie ihre Siege feiert, welche sie vor allem auf Kosten der untersten Volksschichten errungen hat.[184] Goya dagegen stellt Widerstandskraft und Leiden gerade dieser Volksmassen dar, die auch durch die Französische Revolution nicht befreit wurden. Daran hält Goya, von einer durch den Feudalismus geprägten Position aus, aber darum auch gegen das siegreiche Bürgertum sich richtend, die Erinnerung wach.

Seine Zukunftsvision hat daher auch einen anderen Akzent als französische Darstellungen, etwa die Vincents von 1796, eines friedlichen gesellschaftlichen Lebens, in dem die Arbeit ihre Früchte trägt.[185] Beiden Darstellungen liegt die physiokratische Theorie zugrunde, daß ein Mehrprodukt nur durch die Landarbeit zu erzielen sei und daher die Bauern die einzig produktive Klasse sind, die den Reichtum erwirtschaften, auf dem die Kultur beruht.[186] Während Vincent aber zeigt, wie die großbürgerliche Familie durch ihren Sohn, der den Pflug zu lenken lernt, sich der bäuerlichen Arbeit bemächtigt, und dies im Lichte einer heuchlerischen Klassenversöhnung, stellt Goya seinen Bauern allein dar; nur die Wahrheit steht ihm bei. Es ist dieselbe Gestalt der Wahrheit, die Klerus und feudale Mächte zu begraben versuchten, die sich hier dem einfachen Landarbeiter zuwendet. Im Zusammenhang mit der ganzen Folge gesehen wird nun die das Bürgertum überspringende revolutionäre Dimension dieser archaisch anmutenden Idylle erkennbar.

Die Tauromaquia

Die *Tauromaquia* ist vielleicht die artistischste der graphischen Serien von Goya, in der er mit sparsamsten Mitteln den kühnsten Kompositionsstil erreicht. Die formale Virtuosität besonders der späten Blätter dieser Folge muß durchaus in Zusammenhang mit ihren Inhalten gesehen werden.

Die frühen Blätter dieser Serie, zu denen die vier 1815 datierten gehören (Nr. 19, 28, 29, 31), setzen den Stil seiner *Desastres* mit den nah gesehenen, tumultuarischen Einzelkämpfen fort. Goyas Komposition ist in diesen Blättern um die Bildmitte konzentriert, dabei aber relativ gestreut angelegt. Verschiedene Einzelmotive werden einander koordiniert, das heißt eine Reihe von Personen und Gruppen nähern sich auf unterschiedliche Weise dem Stier, reizen ihn, schauen zu, springen hinzu oder kämpfen. Die späteren Blätter, zu denen unter anderen die meisterhaften Kompositionen Nr. 10, 14, 18, 20, 21, 30, 33 gehören, sind durch einige neue stilistische Merkmale gekennzeichnet:

Der Ort der Handlung wird insbesondere rings um die Akteure allein durch abstrakte Helldunkel-Partien definiert. Hinzu kommt allenfalls, und zwar ohne Zusammenhang mit dieser gegenstandslosen Raumdefinition um die Hauptfiguren, die sparsamste und nur partielle Andeutung der Arena im Hintergrund oder an den Seiten (u. a. Nr. 5, 10, 11, 14, 24, 25). Zwar wandte Goya das Verfahren abstrakter Raumgliederung in ähnlicher Weise bereits bei seinen *Caprichos* an, doch wird die Isolierung der Hauptakteure aus einem räumlichen Zusammenhang hier um so wirkungsvoller, als sie von weiten, leeren Flächen umgeben sind, wie nie zuvor in Goyas Graphiken, und oft auch weiter vom unteren Bildrand entfernt placiert.

Die Reduktion der Personen und Motive gegenüber den früheren Blättern, aber auch gegenüber den Vorzeichnungen, die Goya in diesen späten Kompositionen vornimmt[187], die Zurückdrängung der zuschauenden Menge, die nur in skizzenhaften, zarten Strichen hinter den Barrieren der Arena angedeutet wird, trotzdem aber in aller Lebendigkeit, Anteilnahme und Vielfalt erkennbar bleibt, sind ein weiteres Stilmittel, das der Hervorhebung des Hauptmotivs dient. Figuren und Figuren-

El esforzado Rendon picando un toro de cuya suerte murió en la plaza de Madrid (Der kühne Rendon sticht einen Stier, wobei er in der Arena von Madrid starb). Tauromaquia Nr. 28

gruppen werden weniger gestreut auf der Bildfläche, als vielmehr konzentriert eingesetzt. Goya verschärft in seinen letzten veröffentlichten Kompositionen damit zugleich die Trennung zwischen zuschauender Menge und wenigen agierenden Stierkämpfern sowie ihren Helfern in der Arena. Die Koordination verschiedener Motive eines vergleichsweise anarchisch anmutenden Kampfes in den *Desastres* und frühen Blättern der *Tauromaquia* weicht hier der Subordination aller Beteiligten unter den genauen Ritus und fixierten Verlauf eines Kampfzeremoniells. Erst durch die Trennung zwischen einzelnen Kämpfern und ihrer gezielten Aktion von der auf eine Zuschauerfunktion eingedämmten Menge werden die tollkühnen Leistungen der berühmten Stierkämpfer erkennbar (vgl. Nr. 14, 15, 18, 20, 22, 24, 30).

Offensichtlich, um die Spannung zu erhöhen, entwickelt Goya ein Stilmittel, das er ganz neu einsetzt: das Arbeiten mit Asymmetrien an Stelle der klassischen zentralisierten Kompositionen. Die Zuschauergruppen kauern zumeist in einer Ecke der bildparallel im Hintergrund angedeuteten Bankreihen, während die andere Seite leer bleibt (vgl. Nr. 13, 15, 20, 22, 26, 30, 33).[188] Bei dem Blatt Nr. 18 ist die Spannung, welche die Dezentralisierung der Komposition bewirkt, noch durch die Sicht von oben auf das Geschehen in unmittelbarer Nähe und durch die in jäher Schräge ansteigend gezeigten Planken, also durch den ungewohnten Blickpunkt, erhöht.

Am extremsten ist die Asymmetrie der Komposition in Nr. 21, wo ein Stier die Barrieren durchbrochen hat und in die Reihen der Zuschauer gedrungen ist, die in der rechten Bildhälfte zusammengedrängt sind und in panischem Schrecken auseinanderstieben, während die linke Bildhälfte menschenleer ist. Nur ein paar Kleidungsstücke sind über die starren Planken geworfen, ein Kind versucht über den Mittelbalken zu klettern, ein zweites schaut aus sicherer Entfernung auf das entsetzliche Geschehen zurück.[189]

Gerade bei diesen letzten, mit sparsamsten Mitteln erarbeiteten Bildern beginnt Goya, seine Kompositionen durch starke, dunkel druckende radierte Kanten zu rahmen (vgl. Nr. 18, 20–22, 24–26, 30, 33). Es scheint, daß er nicht nur innerhalb seiner Bilder zwischen Zuschauern und Akteuren schärfer trennt, sondern daß er auch die Bildrealität von der des wirklichen Betrachters abgrenzen will. Ein Raum der Kunst wird isoliert, der nicht als Ausschnitt der Wirklichkeit des Betrachters ge-

Temeridad de Martincho en la plaza de Zaragoza (Tollkühnheit des Martincho in der Arena von Zaragoza). Tauromaquia Nr. 18

Desgracias acaecidas en el tendido de la plaza de Madrid, y muerte del alcalde de Torrejon (Schreckliche Ereignisse im Zuschauerraum der Arena von Madrid und Tod des Bürgermeisters von Torrejon). Tauromaquia Nr. 21

dacht ist. Hatte Goya in seinen Kriegsbildern so vehement die Einheit von realer Geschichte und ihrem Abbild in der Kunst, das heißt dem künstlerischen Tun als Teilnahme am politischen Geschehen behauptet – *Yo loví* (*Ich habe es gesehen*) kommentiert er seine Darstellungen der Kriegsgreuel –, so deutet er hier an, daß der Inhalt seiner Kunst nun nicht den gleichen Realitätsgrad hat, sondern selbst Kunst ist, das heißt der nur noch symbolisch vom Volk in seinen Stierkämpfen vollzogene, ästhetisierte Kampf.

Diese neue Kompositionsweise, die in Goyas *Tauromaquia* – abgesehen von einzelnen Zeichnungen in seinen *Skizzenbüchern*[190] – am markantesten ausgeprägt ist, fußt auf ästhetischen Organisationsprinzipien, die in der kunsttheoretischen Diskussion des 18. Jahrhunderts mit Kategorien wie Mannigfaltigkeit, aber auch der bewußten Verletzung und Vermeidung von Symmetrien erfaßt wurden.

Durch die Mannigfaltigkeit, das Vermeiden von Wiederholung, Reihung, Zentralisierung und Symmetrie der Elemente der Komposition wurde die Regelhaftigkeit, das starre Zeremoniell der höfischen Kunst in der Phase des Absolutismus eingeschränkt bzw. aufgehoben. Nicht von ungefähr wurde diese bürgerliche (teilweise mit dem Adel verbündete) Opposition gegen den zeremoniellen Lebensstil des Hofes in der Theorie der Gartenkunst am deutlichsten artikuliert. Die Unterwerfung der Natur unter die strenge Rationalität des Hofes, für welche die gestutzten Gärten von Versailles als Symbol stehen, wird dem Postulat eines landschaftlichen Gartens entgegengesetzt, bei dem Freiheit von Regelmaß, Vielfalt und Überraschungsmomente eine größtmögliche Annäherung an die (scheinbar) unbearbeitete Natur garantieren sollen. Natur ist gleichbedeutend mit Befreiung von den Zwängen des Hofes, sowohl in der Körperbewegung, etwa dem Tanz, als auch in der ästhetischen Wahrnehmung, die ein abwechslungsreiches, mannigfaltiges Bild der Realität fordert, um «die innere Tätigkeit des Geistes» zu ermöglichen.[191] Ganz klar wird im 18. Jahrhundert das Bedürfnis nach Asymmetrie und Mannigfaltigkeit als Vervollkommnung des menschlichen Wesens, als eine Erweiterung seiner «inneren und äußeren natürlichen Vermögen» gewertet, durch die das «steife und gezwungene Wesen» überwunden wird, «als man in einigen alten Gemälden sieht, in denen die Personen symmetrisch gestellt worden»[192].

Diese ästhetischen Überlegungen reklamieren die individuellen Entfaltungsmöglichkeiten des bürgerlichen Menschen gegenüber dem Zwang des feudalistischen Systems. Der kulturelle Stand einer Nation wird nun daran gemessen, wieweit er diese ermöglicht.[193]

Goya nimmt zu dieser ästhetischen Diskussion nicht theoretisch Stellung, aber er realisiert diese Theorie, er macht sie zu einem praktischen Programm, und zwar in dem Moment, als es ihm darum ging, die ästhetischen Fähigkeiten und Möglichkeiten nicht so sehr der Bürger als vielmehr des Volkes zu zeigen, mit deren Entwicklung und Ausübung Goya es seinen politischen Kampf auf symbolischer Ebene fortsetzen sieht. Dieser ästhetische Anspruch, der ein emanzipatorischer ist, macht den entscheidenden Unterschied aus zwischen Goyas *Tauromaquia* und den populären Stierkampfdarstellungen seiner Zeit. Carnicero zeigt zum Beispiel in seiner Serie von 1790 vor allem die unterschiedlichen «pasos» (Gänge) beim Stierkampf, die Regeln, den Ritus. Der technische Aspekt oder auch die Topographie, die Wiedergabe der Madrider Arena etwa, stehen bei diesen populären Serien im Vordergrund.[194] Dagegen ist für Goyas Konzeption wesentlich, daß er spektakuläre Leistungen, die über das bekannte Zeremoniell herausragen, darstellt. Er zeigt den berühmten Martincho, der sich die Füße gefesselt hat, um dem Stier nicht ausweichen zu können, sondern von seinem Stuhl aus ihn tödlich treffen muß, wenn er nicht selbst sterben will (Nr. 18). Im nächsten Blatt setzt derselbe Martincho, wieder mit gefesselten Füßen, zum Sprung über den Stier an (Nr. 19). Goya zeigt «Behendigkeit und Kühnheit» des Juanito Apiñani, der einen Stabsprung über den Stier vorführt (Nr. 20), und schließlich Mariano Cevallos, der einen Stier reitet (Nr. 24).

Ligereza y atrevimiento de Juanito Apiñani en la de Madrid (Behendigkeit und Kühnheit des Juanito Apiñani in der [Arena] von Madrid). Tauromaquia Nr. 20

Die Annonce von 1816, mit der Goya seine Stierkampfserie in der Madrider Tageszeitung zum Verkauf anbietet, lautet: *Eine Sammlung von Graphiken, erfunden und radiert von D. Francisco Goya, Hofmaler seiner Majestät, in der verschiedene Gänge und Abenteuer im Stiergefecht dargestellt sind, die sich bei den Vorführungen auf unseren Plätzen ereignet haben. Die Serie vermittelt eine Vorstellung von den Anfängen, dem Fortschritt und dem jetzigen Zustand dieser Feste in Spanien. Diese Vorstellung manifestiert sich ohne weitere Erklärung, allein durch den bloßen Anblick* (dieser Szenen). – *Sie werden im Graphikladen in der Calle Mayor, gegenüber von dem Haus des Grafen Oñate verkauft, zu zehn Reales das Stück, oder 300 Reales die vollständige Serie, die aus 33 Blättern besteht.*[195]

Goya geht es also um die Geschichte und Entfaltung der Kunst des Stierkampfs. Er nimmt mit seiner Folge zu der Diskussion seiner Zeit über die Ursprünge des Stierkampfs Stellung. Während die Klassizisten seine Anfänge in den Tierkämpfen der Römer sahen, betonte Moratín in seiner Geschichte des Stierkampfs, daß er sich auf spanischem Boden entwickelt habe.[196] Dieser Geschichtsinterpretation, in der sich der erwachende spanische Nationalstolz manifestiert, schließt sich Goya an (vgl. Nr. 1, 2). In der tollkühnen Jagd primitiver Jäger, zu Fuß oder beritten, sieht Goya den Ursprung des Stierkampfs. Die ersten Schritte seiner Entfaltung als Spiel und Kunst sieht Goya bei den Mauren (Nr. 4–8), die den Stierkampf an ihren Höfen in Spanien übten. Von ihnen übernahm der christliche Adel das Spiel und entwickelte es in seinen Turnieren zum ritterlichen individuellen Kampf zu Pferde. Goya stellt diese ritterlichen Einzelkämpfer, darunter der Cid und Karl V., in historischer Tracht dar (Nr. 9–11, 13).

Philipp V., der erste Bourbone in Spanien, verbot den Stierkampf am Hofe, der nun als barbarischer, veralteter Brauch dem Verdikt des absolutistischen Rationalismus verfiel, mit dem die Entmachtung des Feudaladels demonstriert wurde. Nun übernahm jedoch das Volk die Ausübung des Stierkampfs, der vom Adel, zuweilen auch vom Hofe finanziert wurde. Es setzte die spanische Tradition gegen die Proteste der aufgeklärten Reformpolitiker im 18. Jahrhundert fort.[197] Der Stierkampf wird nun zum Teamwork zwischen «picador» und «torero», die den Stier zu reizen und zu ermüden haben (vgl. Nr. 18, 30). Erst jetzt, seit der Stierkampf kein adliges Privileg mehr ist, sondern professionalisiert wird und individuelle Geschicklichkeit und Intelligenz die einzige Voraussetzung für den Stierkämpfer sind, wird der Stierkampf als Kunst akzeptiert.[198] Die von Goya nachgezeichnete Entwicklung führt von der elementaren Bedürfnisbefriedigung in den frühgeschichtlichen spanischen Jagden über die Manifestation adliger Privilegien durch den ritterlichen Kampf zu einer Kunst, in der das Volk sich auszeichnet und Chancen seiner Befreiung bzw. seines sozialen Aufstiegs sehen konnte. Ähnlich wie Goya selbst als Maler stammten die berühmten Stierkämpfer seiner Zeit aus den unteren Volksschichten, brachten es aber soweit, zwar noch unter der Protektion des Adels, von ihrer Kunst leben zu können.[199]

Unter dem Bild des Stierkampfs war in der populären Graphik der Krieg gegen Napoleon begriffen worden: der Stier steht für den französischen Feind, während der Stierkämpfer das spanische Volk bzw. seine Anführer im Guerrillakampf vertritt.[200] Geschick und Intelligenz werden auf seiten des spanischen Volkes gesehen: Der Stierkämpfer bleibt bei dem ungleichen Kampf in den meisten Fällen der Sieger, während der Stier, selbst wenn er siegt, getötet wird. Es kann wohl davon ausgegangen werden, daß diese politischen Konnotationen des Stierkampfbildes bei Goyas Serie mitschwingen, der unmittelbar nach Beendigung des napoleonischen Krieges an ihr arbeitete. Wie in seinen letzten Blättern der *Desastres* stellt Goya den Feind auch hier in allegorischer Form dar, als Tier, das von dem Volke vertrieben oder getötet wird, dem es aber auch unterliegen kann (vgl. *Desastres* Nr. 72–74, 76, 78). Der Stierkampf, von den Aufklärern als das Laster der Nation gebrandmarkt[201], war damit als politisches, dabei zunehmend subversiv wirkendes Symbol

Otro modo de cazar a pie (Eine weitere Art, zu Fuß zu jagen). Tauromaquia Nr. 2

aufgewertet worden. Goya, der nach dem napoleonischen Krieg auch die aufklärerischen liberalen Positionen der Bourgeoisie mit Skepsis sieht, zeichnet nun die Künste des Volkes auf, die es befähigen, den Feind zu bezwingen. Freilich hat sich dieser Kampf auf eine symbolische Ebene verlagert, er wird im Medium der Kunst fortgesetzt. Ähnlich wie bei seinen Stierkämpfern zeigt Goya die artistische Überlegenheit des spanischen Volkes gegenüber den französischen Angreifern in einer seiner Zeichnungen, die einen Zauberkünstler darstellt, der, groß und ungerührt durch die wütenden Attacken der Feinde, sein Kunststück vorführt (Album E, Nr. 16).

Als Goya die *Tauromaquia* radierte, gab es für die revolutionären oder wenigstens liberalen Ziele des napoleonischen Befreiungskampfes bereits keine Hoffnung mehr. Die Intellektuellen waren von Enttäuschung gelähmt; die Reaktion unter Fernando VII. setzte mit den Verfolgungen der Liberalen ein. Die Kunst des Stierkampfs tritt in Goyas Sicht an die Stelle des realen Befreiungskampfes. Alle Fähigkeiten des Volkes sieht Goya in dieser volkstümlich gewordenen Kultur bewahrt und entwickelbar. Kunst wird in diesem Moment zum Motiv seiner Kunst, um die Erinnerung an Kampffähigkeit und Befreiungswillen des spanischen Volkes wachzuhalten. Damit schlägt Goya in dieser Stierkampffolge den Weg der Romantik ein[202], die vor allem in Deutschland durch geschichtliches Denken das nationale Selbstbewußtsein zu wecken und zu stärken suchte. Die Vergegenwärtigung der Geschichte, in der die Kultur, die auf spanischem Boden zunächst die Mauren entwickelten, vom Adel und Königtum auf das Volk übertragen wird, läßt auch ein Ziel dieser Geschichte erkennbar werden.

Im Unterschied zu den *Desastres* trennt Goya, wie erwähnt, in der *Tauromaquia* schärfer zwischen der Hauptgruppe, welche die Kämpfenden und den Stier umfaßt, und den Zuschauern im Hintergrund, die es in dieser Weise in den *Desastres* nicht geben konnte. Dort waren aktive Partisanen und deren Gegner dargestellt. Der Kampf wird hier nur von einzelnen fortgeführt – das hebt Goya im Laufe seines Arbeitsprozesses an der *Tauromaquia* zunehmend hervor –, die Menge wird zurückgedrängt und fungiert bloß als Zuschauer bei dem ästhetisierten Kampf.

In den Stierkämpfern dürfte Goya auch eine Symbolfigur für seine eigene Situation als Künstler gesehen haben.[203] Aus dem Volke stammend, aber nur stellvertretend, nicht in direkter Verbindung mit ihm, nur als Einzelkämpfer, kann er seine Kunst entwickeln und durchsetzen. Die Verunsicherung, die Goyas Position zwischen Hof und Parteinahme

El Cid Campeador lanceando otro toro (Der Cid Campeador durchsticht mit der Lanze einen weiteren Stier). Tauromaquia Nr. 11

· Anonymer Stich, Anfang 19. Jahrhundert: «Obsequio que los españoles hacen a los franceses en recompensa de la regeneracion cacareada» (Geschenk, das die

Spanier den Franzosen machen, als Gegenleistung für die derart gepriesene Erneuerung). Madrid, Museo Municipal

Despreciar los insultos (Die Beleidigungen verachten).
Zeichnung aus dem Skizzenbuch E. Frankreich, Privatsammlung

im Volkskrieg erfahren hatte, klärt er mit dieser Graphikserie im Sinne einer individualistischen und subjektiv vollzogenen Lösung (des Künstlers) aus direkter gesellschaftlicher Bindung. Das Volk wird zwar von einer aktiven Beteiligung zurückgedrängt, ist aber Adressat, Liebhaber und urteilender Kenner einer Kunst, die Goya in seiner Stierkampffolge verherrlicht. Dabei sieht Goya zugleich die Ohnmacht des Künstlers und eines politischen Kampfes auf symbolischer Ebene. Mehr als einmal stellt er die Niederlage einzelner Stierkämpfer dar (vgl. Nr. 12, 21, 26).

La desgraciada muerte de Pepe Hillo en la plaza de Madrid (Der unglückliche Tod von Pepe Hillo in der Arena von Madrid). Tauromaquia Nr. 33

Modo de volar (Art und Weise zu fliegen). Radierung

Er endet seine Serie sogar mit dem Tod des berühmten Stierkämpfers Pepe Hillo, der 1801 in der Madrider Arena getötet worden war.[204] Vergeblich versucht in diesem letzten Blatt ein Torero den Stier von seinem Opfer abzulenken. Schattenhafte Gestalten im Hintergrund versuchen zu spät, die Barrieren zu überspringen und zu Hilfe zu eilen.

Wie schon bei den letzten Blättern der *Desastres* schwankt Goya auch bei seiner *Tauromaquia* zwischen einer hoffnungslosen Lösung – dem Tod als dem Ende – und dem Entwurf einer Zukunftsvision, die Wege

Dibersion de España (Spanisches Volksfest). Lithographie

der Befreiung sichtbar macht. In dem Exemplar, das Goya seinem Freund Ceán Bermúdez zur Korrektur übergab, war als Nr. 34 das Blatt enthalten, das Goya *Modo de volar* (*Art und Weise zu fliegen*) nannte.[205] Diese Kombination seiner Stierkampfserie mit der Darstellung des geglückten Flugversuchs der Menschen[206] erscheint unverständlich und alogisch, wenn man eine Kohärenz in der Oberflächenstruktur der Realitätswiedergabe dieser graphischen Serie erwartet. Sie bestätigt jedoch die hier versuchte Interpretation der Tiefendimension dieser Bildfolge:

die Künste des Menschen werden ihn zu seiner Befreiung befähigen.

Die Menschen haben sich auf dieser Darstellung in riesige Vogelflügel gehängt. Der Kopf der Tiere erscheint wie ein Helm über den Häuptern der Fliegenden. Diese Anpassung des menschlichen Flugs an den der Vögel weckt die Assoziation an die alte Vogelsymbolik: danach ist der fliegende Vogel Symbol der menschlichen Seele, welche die irdischen Begrenzungen durchbricht. Die Künste sind Manifestationen dieser freien Phantasietätigkeit des Menschen.[207] Gleichzeitig hat Goya die Flügelkonstruktion relativ eng an technische Vorstellungen seiner Zeit angeglichen.[208] So mag auch der Gedanke mitgespielt haben, daß durch die technische Entwicklung die Befreiung tatsächlich ermöglicht werden wird, die in der volkstümlichen Kunst nur Postulat bleiben kann.

Noch einmal, als fast achtzigjähriger Emigrant in Bordeaux, hat Goya eine Stierkampfserie geschaffen, diesmal in vier großen Lithographien, die 1825 publiziert wurden. Die neue Technik des Steindrucks hatte er, trotz seines hohen Alters an der Erweiterung seiner medialen Ausdrucksmöglichkeiten weiterhin interessiert, sofort nach ihrer Erfindung aufgegriffen und noch in Madrid damit experimentiert.[209] In Bordeaux entwickelt Goya in diesem Medium noch einmal ein neues Bild von der volkstümlichen Kunst in Spanien, ein Bild der Erinnerung und der Hoffnung. Es herrscht nicht mehr die atemberaubende Spannung zwischen dem Stier und seinem Gegner, vor deren Dramatik die zuschauende Menge zurückweicht. Hier wird der Stierkampf als ein burleskes Volksfest gesehen, an dem jeder sich beteiligt, Bürger und bäuerliche Gestalten, Alt und Jung. Die Barrieren der Arena respektiert niemand mehr. Die Isolation des Stierkämpfers vom Volk ist aufgehoben. Offensichtlich erschlossen sich Goya in Frankreich, dem Land, in dem die bürgerliche Revolution am konsequentesten vollzogen worden war, noch in seinem hohen Alter neue Erfahrungsmöglichkeiten.

Die letzten Jahre
Alter und Wahnsinn

1819, ein Jahr vor dem Aufstand, durch den für wenige Jahre eine Liberalisierung und Rückkehr zur Verfassung von Cádiz erzwungen wurde, zog sich Goya nun auch räumlich vom Hofe zurück. Er kaufte ein Landhaus knapp außerhalb von Madrid, am rechten Ufer des Manzanares. Zwischen 1820 und 1823 wird er die Wandgemälde ausgeführt haben, mit deren sinistren Bildern, den sogenannten *Schwarzen Gemälden* (*pinturas negras*) er die beiden Haupträume ausstattete. Sie wurden 1881, inzwischen von den Wänden abgenommen und auf Leinwand übertragen, dem Prado geschenkt.[210]

1823 vermachte Goya dies Landhaus, das man «Quinta del Sordo» genannt hat («Landhaus des Tauben»), seinem Enkel Mariano, offenbar schon in der Absicht, seine Besitzverhältnisse zu regeln und Spanien zu verlassen.

Im Mai 1823 hatte der Herzog von Angoulême mit seinen französischen Truppen Madrid erreicht. Durch den Einmarsch sollte nach dem Plan der Heiligen Allianz die spanische Monarchie in ihrer absolutistischen Form restituiert werden. Im November 1823 konnte Fernando VII. wiederum in Madrid eine triumphale Rückkehr feiern. Als nun die Liberalen neuen und verschärften Verfolgungen ausgesetzt waren, tauchte Goya zunächst unter. Er hielt sich, wohl vom Januar bis April 1824, bei seinem Freund José Duaso y Latre versteckt[211], sei es, daß er Repressionen gegen seine eigene Person fürchtete oder aber sich durch die Frau, mit der er zusammen lebte, Leocadia Weiß, kompromittiert fühlte, die als Gegnerin des absolutistischen Regimes bekannt war.[212] Als im Mai 1824 eine Amnestie erlassen wurde, reichte Goya ein Gesuch ein, acht Monate in Frankreich verbringen zu dürfen, um in Plombières Bäder nehmen zu können.[213] Nur durch die Erwirkung eines offiziellen Urlaubs ließ sich die Weiterzahlung seines Gehalts sichern. Im Juni 1824 überschritt er die Grenze nach Frankreich, hielt sich nur drei Tage in Bordeaux auf, wo er seinen Freund Moratín wiedersah, wie er ein Emigrant. Er reiste danach weiter nach Paris und blieb dort bis Ende August 1824 im Haus eines Vetters seiner Schwiegertochter Goicoechea. Er geht durch die Straßen von Paris, besichtigt die Monumente, möglicherweise auch die neuesten Werke der Malerei im alljährlichen

«Salon» und sieht viele alte Freunde wieder. Das wichtigste Motiv seiner so überstürzten Weiterreise nach Paris mag jedoch sein Wunsch gewesen sein, José María Cardano wiederzutreffen, der ebenfalls als Emigrant in Paris lebte. Er hatte 1819 in Madrid eine Lithographiewerkstatt eingerichtet und Goya in dieser Technik unterwiesen.[214] Die Lithographie und die Kreidezeichnungen, die ebenfalls auf diese Drucktechniken hin orientiert sind, werden die wichtigsten Medien, deren sich Goya in Bordeaux bedient.

Zurück in Bordeaux, richtet sich Goya mit Leocadia Weiß und deren beiden Kindern in der Straße Cours de Tournay Nr. 24 ein, wo er nach Meinung seines Freundes Moratín bequem den Winter überstehen konnte.[215]

So schnell entschlossen Goya zur Emigration gewesen zu sein scheint, so wenig kann er sich mit ihr abfinden. Unruhig, voller Pläne, die er nicht mehr durchsetzen kann, um seinen Besitz besorgt, mit dem Bedürfnis nach Unabhängigkeit und zugleich hilflos sich an seine Freunde und Familie klammernd, im Bewußtsein der schwindenden Zeit, verbringt Goya seine letzten Jahre. Moratín schreibt in einem Brief vom 30. September 1824: «Goya plagt mich und läßt mich keinen Augenblick in Ruhe. Er ist hier mit seiner Doña Leocadia. Ich entdecke nicht die geringste Harmonie zwischen ihnen.»[216]

Am 7. Januar 1825 erbittet Goya eine Verlängerung seiner Genehmigung, Madrid fernbleiben zu dürfen. Moratín schreibt am 14. April 1825: «Goya mit seinen neunundsiebzig Jahren und seinen Gebrechen weiß nicht, was er hoffen und wünschen soll. Ich ermahne ihn, bis zur Genehmigung seiner Abwesenheit (von Madrid) ruhig zu sein. Ihm gefällt die Stadt, das Land, das Klima, das Essen, die Unabhängigkeit, die Stille, die er genießt. Seit er hier ist, hat er keine der Krankheiten gehabt, die ihn dort belästigten. Trotzdem setzt er sich zuweilen in den Kopf, daß er in Madrid viel zu erledigen hat, und wenn man ihn ließe, würde er sich mit einem störrischen Esel auf den Weg machen, mit seiner Bauernmütze, seinem Umhang, seinem hölzernen Steigbügel, seiner Weinflasche und seinem Rucksack.»

Am 30. Dezember 1825 schreibt Goya an seinen Freund Joaquín Ferrer in Paris, der ihm offenbar abgeraten hatte, seine Lithographien mit den Stierkämpfen in Paris zu publizieren und statt dessen vorgeschlagen hatte, eine Neuauflage der *Caprichos* zu verkaufen:

Was Sie mir über die Drucke mit den Stieren schreiben, verstehe ich, es überzeugt mich. Ich hatte nicht nur daran gedacht, daß die Kunstkenner sie sehen sollten, die in dieser großen Stadt zahlreich sind, sondern auch die große Anzahl Leute, die sie gesehen hatten, ohne die große Zahl Spanier zu zählen, so daß ich glaubte, es sei einfach, sie einem Drucker zu geben, ohne meinen Namen zu nennen, und man hätte sie zu einem nied-

rigen Preis machen lassen können. Was Sie mir über die Caprichos sagen, ist nicht möglich, da ich die Platten vor mehr als zwanzig Jahren dem König überließ, ebenso sind die übrigen Sachen, die ich radiert habe, in der Calcografía Seiner Majestät. Mit all dem wurde ich von der Heiligen (Inquisition) angeklagt. Ich würde sie auch nicht kopieren, weil ich heute bessere Ideen habe, die sich mit mehr Nutzen verkaufen ließen. Im letzten Winter habe ich auf Marmor gemalt, und ich habe eine Sammlung von etwa vierzig Skizzen; es sind originelle Miniaturen, wie ich sie nie gesehen habe, da sie nicht mit punktierenden Pinseltupfen gemacht sind, Dinge, die eher dem Pinsel des Velázquez als des Mengs ähnlich sind.

Sie können mir dankbar selbst für diese schlechten Schriftzüge sein, denn alles fehlt mir, das Augenlicht, die Kraft, die Feder, das Tintenfaß, nur Willenskraft bleibt mir übrig ...[217]

Am 7. Mai 1826 reist Goya nach Madrid ab. Moratín schreibt seinem Freund: «... er reist allein, voll Unzufriedenheit über die Franzosen. Wenn er nicht ankommt, wundere Dich nicht, denn bei der kleinsten Krankheit kann er tot in der Ecke einer Herberge liegenbleiben.»[218] – Am 17. Mai erreicht Goya Madrid. Er setzt am Hofe seine Pensionierung bei Weiterzahlung seines Gehalts von jährlich 50000 Reales durch und erhält die Erlaubnis, nach Frankreich zurückzukehren. Vicente López, der inzwischen seinen Platz als erster Hofmaler eingenommen hat, malt bei dieser Gelegenheit sein Porträt, das letzte Bildnis, das von ihm überliefert ist.[219] Nach seiner Rückkehr ist er ruhiger. «Goya geht es gut. Er unterhält sich mit seinen Skizzen, geht spazieren, ißt und schläft zur Siesta. Es scheint, daß nun Frieden in seinem Hause herrscht», schreibt Moratín.[220] Dennoch reist Goya wieder nach Madrid, am 20. September 1827 kehrt er von dieser letzten Reise zurück. Er vergewissert seine Familie in Madrid, daß er für sie gesorgt hat, daß das Geld auf der Bank seinem Enkel Mariano gehört und schreibt dem Sohn am 28. März 1828: ... *ich bin verrückt vor Freude über Deinen letzten Brief.* Seine Schwiegertochter und sein Enkel Mariano kommen Ende März in Bordeaux an, offenbar besorgt über seinen Gesundheitszustand. Goya kann noch einmal seinem Sohn schreiben, wie glücklich er über diesen Besuch ist. Am 16. April stirbt er. Leocadia Weiß berichtet Moratín, der inzwischen in Paris lebt: «Er erkannte alle bis drei Stunden vor dem Tod. Er sah seine Hand an, wie in einfältigem Staunen. Er wollte sein Testament machen, zu unseren Gunsten, sagte er, und seine Schwiegertochter antwortete, daß er es bereits gemacht habe. Danach gab es keinen sicheren Moment mehr für ihn. Seine Schwäche verhinderte, daß man das wenige verstand, was er sagte und schwatzte. Er starb vom 15. auf den 16. um 2 Uhr morgens ... Molina und Brugada sahen ihn sterben, und ich war in der Kammer bis zwei Minuten vorher, doch ab 12 Uhr fehlten mir die Kräfte, um mich an seinem Bett aufrechtzuhalten ...

Er blieb so heiter wie einer, der schläft, und selbst der Arzt staunte über seine Stärke. Er sagte, daß er nicht gelitten habe. Dessen bin ich nicht sicher.»[221]

Goyas letzte Bilder sind Versuche der Selbstvergewisserung und Dokumente der Freundschaft. Nur Menschen aus seinem persönlichen Lebenskreis porträtiert er noch. Indem er sich das Bild der Freunde vergegenwärtigt, hält er für sie und sich die Zeit fest. Er beweist sich seine eigene Handlungsfähigkeit, bezeugt stolz sein Lebensalter.

Wie nie zuvor stellt er die Menschen sachlich dar, nicht ihren inneren Impetus, ihre Willenskraft oder Besessenheit, sondern ihre Erscheinung, das, was mit den Augen unmittelbar wahrnehmbar ist und zugleich am vergänglichsten. Die Farben trägt er in ruhigen, gleichmäßigen Flächen auf, deren Ränder poröse Unschärfen haben, ohne die schroffen Begrenzungen, die früher charakteristisch für seinen Pinselduktus waren.

Das Porträt seines Bankiers in Bordeaux versieht er mit der Inschrift: *Don Santiago Galos, gemalt von Goya im Alter von 80 Jahren im Jahre 1826.* In Madrid malt er seinen Enkel und bezeichnet das Porträt: *Goya für seinen Enkel, im Jahre 1827, mit 81 Jahren.* Das Bildnis Muguiros versieht er mit der Inschrift: *Don Juan de Muguiro, von seinem Freund Goya, mit 81 Jahren in Bordeaux. Mai 1827.* Immer genauer werden die Zeitangaben, immer dringender der Wunsch, sich der Gegenwart zu vergewissern, je unsicherer die Zukunft wird.[222]

Schon sein letztes Selbstbildnis, das Goya noch in Madrid vollendete, trägt eine derart chronistische Inschrift: *Goya in Dankbarkeit seinem Freund Arrieta: für die Geschicklichkeit und die Sorgfalt, durch die er ihm das Leben bei seiner akuten und gefährlichen Krankheit rettete, die er Ende 1819 erlitt, mit 73 Jahren. Er malte es 1820.*[223] – Der Arzt hält Goya im Arm, der ohnmächtig zurückgesunken ist. Seine Hand greift kraftlos die Bettdecke, die Augen sind halb geschlossen, der Mund ist qualvoll geöffnet. Hinter der Gruppe erscheinen, tiefer stehend, drei dunkle, undeutlich charakterisierte Gestalten. Die beiden links halten ein Buch, aus dem sie lesen oder singen. Klageweiber oder Chorknaben, die sich zum Sterbegebet einfinden, werden sie darstellen. Der Arzt, der den belebenden Trunk reicht und den Maler aufrichtet, erscheint in hellem Licht. Leben, Gesundheit werden der ärztlichen Kunst, den weltlichen Kräften verdankt. Die geistlichen oder dämonischen Mächte – sie sind auf diesem Bild ununterscheidbar geworden[224] – stehen für das Dunkel des drohenden Todes, von ihnen geht keine Hoffnung aus. Dies Selbstbildnis ist als Kontrafaktur zu der Sterbeszene des heiligen Joseph von Calasanz zu verstehen, die Goya 1819 für die Escuelas Pias de San Anton in Madrid gemalt hatte.[225] Beide Aussagen sind dialektisch aufeinander bezogen: die Hoffnung auf Leben, die sich allein an das Diesseits

Juan Bautista de Muguiro. Madrid, Prado

hält; die Gewißheit des Todes, mit der gläubig die Ordnung der Dinge hingenommen wird.

In seinen letzten Zeichnungen, den beiden *Skizzenbüchern aus Bordeaux*, greift Goya das Thema des Alters auf. Die Dialektik von Lebens- und Behauptungswillen, Hoffnung und Zukunftsperspektive und Verzweiflung und Resignation wird nun deutlicher und distanzloser dargestellt als bei den typenhaften Alten seiner früheren Zeichnungen. *Aun aprendo* (*Noch lerne ich*) heißt das berühmte Blatt, das immer schon auf Goya selbst bezogen worden ist. [226] Mit wachen, listigen Augen dem Licht zugewandt, das Dunkel im Rücken, tastet der Greis sich, auf zwei Stöcke gestützt, unsicher vor. – Der Alte auf der Schaukel[227] kostet mit breitem Grinsen das kurze Vergnügen aus, das seinem Alter durchaus unangemessen ist. Kein Fixpunkt ist hier gegeben, weder die Schaukel noch der Erdboden sind angedeutet, eine momentane Erscheinung, ein

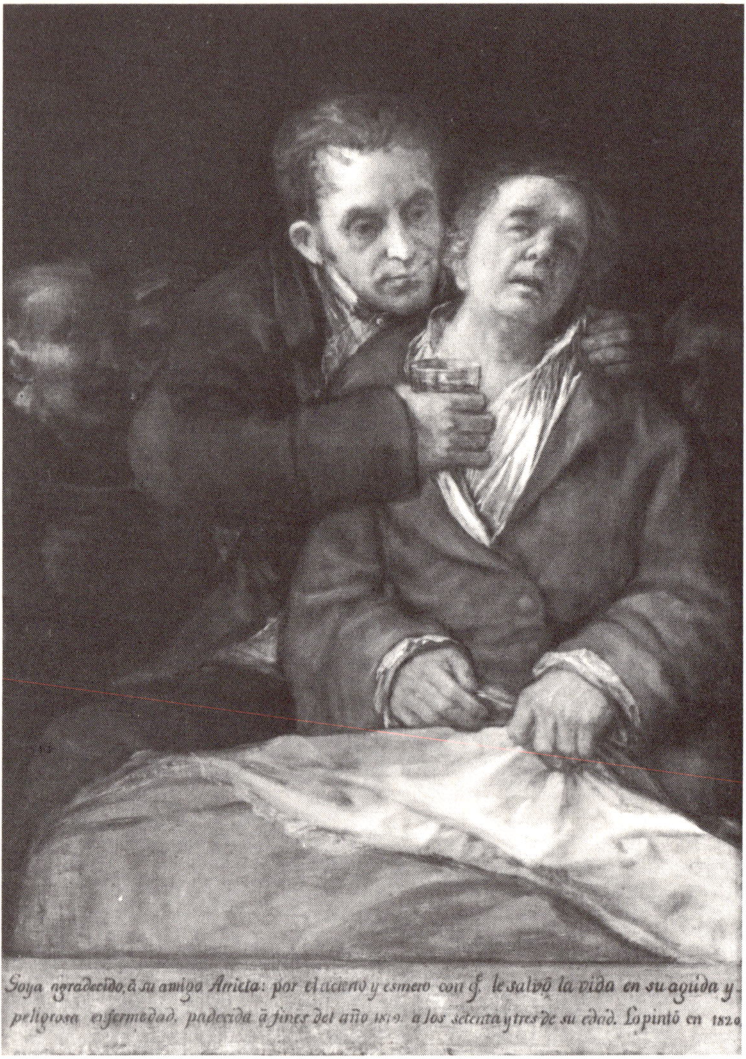

Goya und sein Arzt Arrieta. Minneapolis, Institute of Arts

flüchtiger Augenblick ist diese Freude nur. Wenn das Seil zurückschwingt, ist der Alte bereits aus dem Bild verschwunden.

Ein neues Motiv sind die Vehikel zur Fortbewegung, die Goya in Frankreich aufgefallen sind, und die er aufzeichnet: tragbare Sänften,

Rollschuhe, Fahrrad, Hundegespann, ein niedriger Wagen, den man selbsttätig in Bewegung setzen kann.[228] Meist sind es auch hier Alte, Bettler, Gebrechliche, die sich dieser Fahrzeuge bedienen. Mit Interesse verfolgt Goya, wie es möglich wird, die körperliche Unbeweglichkeit zu meistern und bei schwachen Kräften unabhängig zu bleiben.

Goya sieht in Frankreich dieselben volkstümlichen Typen aus den untersten Schichten, die sich am Rande der Geschichte zu behaupten haben, wie er sie in Madrid wahrgenommen und dargestellt hatte. Dort hatten sie noch ihren selbstverständlichen Platz in dem feudalistischen System. Die bürgerliche Gesellschaft dagegen, wie schon der sie vorbereitende Absolutismus in Frankreich, verdrängt sie. In Armen- und Ar-

Die letzte Kommunion des heiligen Joseph von Calasanz (Ausschnitt).
Madrid, San Anton

Aun aprendo (Noch lerne ich).
Zeichnung aus dem Skizzenbuch G. Madrid, Prado

beitshäusern verschwinden sie und sind kein Thema mehr für die bürgerlichen Maler, es sei denn, daß ihre Integration, die Aufhebung ihrer unbürgerlichen Untätigkeit, gezeigt oder gefordert wurde. Goyas Wahrnehmung hingegen ist dafür geschärft, zu beobachten, wie sie sich noch behaupten. Kein «Lazarillo» ist mehr zu seiten dieser Bettler, der sie führt. Allein hocken sie auf ihren Karren, mit großen, unbewegten Gesichtern, in sich versunken, undurchdringlich und unabhängig. Verquickt mit dem historischen Prozeß, durch den die Bettler, Vagabunden und Irren verdrängt wurden, sofern sie nicht Wege fanden, autonom zu handeln, zeichnet Goya die lebensgeschichtliche Erfahrung des Alters auf, das dieselben Ängste vor dem Verlust der Unabhängigkeit und Fähigkeit zur Selbstbehauptung hervorbringt.

Das Bewußtsein der Vergeblichkeit und Hoffnungslosigkeit übermittelt Goya mit einer Reihe seiner Greisenbilder. *Gimiendo y llorando* (*Seufzend und weinend*) bezeichnet er das Bild eines Alten, der mit ausgebreiteten Armen dicht vor einer Mauer kniet.[229] Nicht Trotz oder gläubige Schicksalsergebenheit bedeutet hier die pathetische Geste, die Goya so oft als Gebärde eingesetzt hat. Eher hilflose Traurigkeit und

Alter auf einer Schaukel.
Zeichnung aus dem Skizzenbuch H. New York, Hispanic Society

Yo lo he visto en Paris (Das habe ich in Paris gesehen). Zeichnung aus dem Skizzenbuch G. Paris, Privatsammlung

Aussichtslosigkeit spricht aus dem Gestus. Den Geizigen[230] zeigt er neben seinen Reichtümern untätig sitzend, das Haupt im Melancholiegestus aufgestützt und weinend über die Nutzlosigkeit seines Tuns, die ihn seinem Wesen und den unmittelbaren Beziehungen zu den Menschen entfremdet hat, denn nicht einmal die Dankbarkeit seiner Nachkommen kann er sich sichern, besagt Goyas Kommentar. Als große, massige Gestalten, oft breitbeinig dastehend, mit riesigen Händen, die kraftlos geöffnet sind, ohne zielsicher zuzufassen, mit großen, runden Köpfen fast wie bei Kindern, mit breiten Gesichtszügen und offenem Grinsen, so stellt Goya seine Greise dar: als hilflose Riesen. Der schlafende Gulliver in demselben Skizzenbuch, den die Masse wimmelnder kleiner Menschen überwältigt, ist die Symbolfigur dieser wehrlos gewordenen großen einzelnen. Die Kohle und weichen Kreiden, mit denen Goya nun arbeitet, lassen die Konturen unscharf werden, die Individualität der Gestalten wird ungewisser.

Goya hatte sehr früh die Volksmassen in seinen Bildern dargestellt. In der Stierkampffolge von 1816 sind die einzelnen Kämpfer mit ihren symbolischen Handlungen zwar isoliert, jedoch im Einklang mit der Menge. Erst in den Stierkampfbildern aus Bordeaux begann die Menge, die Initiative des Spiels an sich zu reißen, die Vereinzelung der Stierkämpfer war aufgehoben. Auf die Kehrseite dieser Dialektik zwischen Individuum und Masse, Einzelnem und Allgemeinem, die im späten 18. Jahrhundert als eine dialektische Beziehung der bürgerlichen Gesellschaft reflektiert wird, weist Goya aber auch in diesen späten Zeichnungen hin. Nicht mehr die Souveränität des Individuums, das trotz all seiner Verstrickungen durch eigene Leidenschaften und Begierden unange-

Gimiendo y llorando (Seufzend und weinend).
Zeichnung aus dem Skizzenbuch G. Kalkutta, Privatsammlung

fochten durch Angriffe von außen bleibt, ist Goyas Zielperspektive. Vielmehr sieht er es nun in seiner Hilflosigkeit und Bedrohung durch die Masse, die Gesellschaft, und das heißt nun: die bürgerliche Gesellschaft.

Es hat seine Folgerichtigkeit, daß Goya als eines der letzten Themen seiner Zeichnungen die Darstellung des Wahnsinns aufgreift. Dabei interessieren ihn nicht mehr die unvernünftigen Verhaltensweisen der Irren, ihre Kämpfe untereinander, ihre Brutalitäten, die er auf seinen früheren Irrenhausbildern[231] dargestellt hatte, aus denen damit auch eine Rechtfertigung der Asylierung dieser Wahnsinnigen herausgelesen werden kann. In diesen späten Zeichnungen hebt Goya nicht ihr Fehlverhalten gemessen an der Norm der Vernunft hervor, vielmehr ihre Ohnmacht und Willenlosigkeit, das heißt ihren Selbstverlust, die Krankheit von Körper und Seele, die Deformationen ihrer Gliedmaße, der Gesichtszüge, ihre gebrochenen Körperbewegungen.[232] Im allgemeinen stellt er sie einzeln dar, in sich verkrampft oder versunken, ihre Einsamkeit, Melancholie und soziale Verlassenheit tritt hervor. Besonders in den beiden Zeichnungen, in denen das vergitterte Fenster ihrer Zellen oder Käfige als Motiv eingesetzt ist[233], wird ihre Absonderung, ihr Ausgesperrtsein von der vernünftigen Realität verdeutlicht. Aber auch wenn sie eng zusammengedrängt stehen, sind sie ohne die früher betonte Aggressivität und Gewalttätigkeit, höchstens selbstzerstörerisch wie der Selbstmörder.[234]

So haben diese Darstellungen Wahnsinniger auch nichts mit den Bildern des Hexenwahns zu tun, in denen Goya früher die Widerstände gegen eine rationale Ordnung gesehen hatte, als den gewaltigen Projektionen menschlicher Leidenschaften, Laster und anarchischer Begierden, die, selbst noch im Lichte der Aufklärung gesehen, metaphysische Mächtigkeit hatten und als aktive Antagonisten der Vernunft agierten und verstanden wurden. Schon formal stehen diese gezeichneten Bilder der Wahnsinnigen vielmehr den Angeklagten der Inquisition und den Gefangenen nahe, die Goya in einem früheren Skizzenbuch reihenweise dargestellt hatte.[235] Die Intensität der Leiden ist beidemal gleich. Diese sind jedoch, anders als die Wahnsinnigen, gerade Opfer der Unvernunft, des klerikalen Feudalismus, geworden. Die Gefangenen und Angeklagten konnten daher auf das Mitgefühl eines jeden vernünftigen Betrachters rechnen. Die Tendenz der Geschichte war auf ihrer Seite. *Bald wirst du frei sein* schrieb Goya auf ein Blatt, und am Ende dieser Serie von Leiden steht das Bild der *Göttlichen Freiheit*.[236] Die Einkerkerung der Wahnsinnigen geschah dagegen im Namen des Fortschritts, ihre Festnahme konnte das Einverständnis der bürgerlichen Gesellschaft erwarten. Goyas Inschriften sind hier auch hermetischer, sie legen keinen Widerspruch ein wie bei den Gefangenen, sondern konstatieren nur: *ein tobsüchtiger Irrer* schreibt er. Also scheinen die Gitter gerechtfertigt.

Der Geizige. Del avaro no se espera / ningun bien, y cada cual / aun muerto lo vitupera, / mas el hombre liberal / todos scienten que se muera (Vom Geizigen kann man nichts Gutes erwarten, und selbst wenn er tot ist, spricht jeder nur schlecht über ihn. Dagegen bedauert alle Welt den Tod eines freigebigen Menschen). Zeichnung aus dem Skizzenbuch G. Ehemals Sammlung Gerstenberg

Die Internierung der Wahnsinnigen, die im 17. und 18. Jahrhundert durchgeführt wurde, ist im Zusammenhang mit der Beseitigung der Bettler und Vagabunden zu sehen, welche die bürgerliche Gesellschaft – teilweise bereits durch den Absolutismus – durchsetzte und die Teil ihrer Überwindung des feudalistischen Systems war und die Produktivkraftentwicklung und Rationalisierungen durch das Bürgertum ermöglichten.

Loco furioso (Tobsüchtiger Irrer).
Zeichnung aus dem Skizzenbuch G. Paris, Privatsammlung

Es ist der Sieg der bürgerlichen Vernunft, den Goya mit seinen Bildern des Wahnsinns kommentiert. Doch er zeigt ihn von seiner Kehrseite, er hält fest, was von nun an verdrängt wird, den Preis des Fortschritts durch die bürgerliche Vernunft und parallel zu ihrer Geschichte.[237]

Wahnsinn wurde im 18. Jahrhundert als Folge des Hoflebens, der Zivilisation, des Fortschritts gedeutet. Das Milieu, in dem er gedieh, waren Reichtum, Luxus, die verfeinerten und multiplizierten Begierden, Interessen und Tätigkeiten, die den Menschen von seinen natürlichen, vernunftgemäßen Bedürfnissen und seinen unmittelbaren sozialen Beziehungen entfremden. Der Wahnsinn ist weniger der Verlust der Übereinstimmung mit der Realität als vielmehr Verlust des eigenen Wesens.[238] Die Schilderung und die Bilder des Wahnsinns, der ausschweifenden Phantasie und Träume im ausgehenden 18. Jahrhundert sind im allgemeinen an das Milieu der Salons, der aristokratischen oder großbürgerlichen raffinierten Kultur gebunden, das seine Entstehung nach der Theorie des 18. Jahrhunderts begünstigt. Die Bilder von Heinrich Füssli bie-

Loco furioso (Tobsüchtiger Irrer).
Zeichnung aus dem Skizzenbuch G. Paris, Privatsammlung

ten Beispiele für die durch Luxus und die privilegierten «Inseln der Unvernunft» hervorgerufene Umnachtung.

Goya dagegen spürt die Ängste des Zeitalters der Revolution in ihrem gefährlicheren Milieu auf. Seine Wahnsinnigen sind – etwa im Unterschied zu Füsslis Figuren – eher den Armen, den Bettlern und Alten verwandt, die er in gleicher Weise zeichnet, denjenigen, welche die Selbstentfremdung, die Bedrohung ihrer Subjektivität durch die bürgerliche Organisation der Arbeit am brutalsten erfahren mußten und von denen daher die größte Gefahr drohte. Die Angst vor diesen «Kranken» der bürgerlichen Gesellschaft konzentrierte sich auf die Internierungshäuser, die als Symbole des Zwangs und der Degradierung verstanden wurden und die man als Herde einer ansteckenden Krankheit fürchtete.[239]

Goya hat die menschliche Spezies fast nur durch ihre Abweichungen von ihrer ursprünglichen Natur, der Vernunft als der sozialen Verhaltensnorm des 18. Jahrhunderts, definiert. Er sah, selbst rückhaltlos auf die Veräußerung seiner Fähigkeiten und seine Kraft der Selbstbehauptung am Hofe angewiesen, den Weg zur Freiheit, zur Überwindung feudalistischer Bindungen und damit zu wahren, natürlichen, unmittelbaren sozialen Beziehungen, über einen anarchischen, brutalen Individualismus der Interessenkonflikte führen. Die Dialektik der Aufklärung hat niemand wie er aufgezeichnet. Die sozialen Konflikte und Widersprüche, die auch Goya anfangs noch als metaphysische antagonistische Mächte dargestellt hatte[240], müssen nun als individuelle erfahren werden. Die Menschen, die er zeichnet, sind besessen von Leidenschaften, Begierden und pervertierten Lüsten. Goya ist durchaus auch der Zeitgenosse des Marquis de Sade. Je mehr er selbst sich der Zwänge am Hofe bewußt wird, um so weniger bemüht er sich um objektivistische Darstellungen, sondern zeichnet die menschlichen Leidenschaften aus der Perspektive derjenigen, die (noch) nicht Geschichte machen, sondern für sie gebraucht werden wie er selbst am Hofe. Indem sie ihren meist zerstörerischen Tätigkeiten nachgehen, arbeiten sie auf blinde und negative Weise dennoch an ihrer Selbstbefreiung, gleichsam durch die List der Vernunft, die über ihre Unvernunft den gesellschaftlichen Fortschritt bewirkt.

In seinen letzten Zeichnungen aus Bordeaux stellt Goya jedoch Menschen dar, welche die Vergeblichkeit ihres Tuns erkennen. Sie nehmen wahr, daß ihnen die Herstellung menschlicherer, unmittelbarer Beziehungen nicht gelungen ist, sie werden ihrer eigenen Selbstentfremdung durch ihre Aktivitäten inne und klagen über den Verlust ihres Wesens wie der Geizige neben seinen unmenschlichen Reichtümern. In der Handlungsunfähigkeit, der Perspektivelosigkeit dieser Figuren reflektiert Goya auch seine eigene Lage in Bordeaux. Alt, im Exil, zwar frei von den Bindungen an den Hof, doch in einer Gesellschaft, die die Tötung des Individuums perfektioniert hat[241], kommt das Bewußtsein auf, keine sinnvolle Arbeit leisten zu können und die Angst vor dem Selbstverlust. In seiner Lebensgeschichte, die Goya selbst zwar durch die Produktion seiner Bilder noch einmal symbolisch einzuholen vermag, deutet sich damit auch an, was die Geschichte der Kunst erweisen wird, daß die totale Freisetzung der künstlerischen Subjektivität zugleich Unfähigkeit zu handeln, Negation der Arbeit wird, eine Trennung von der Realität wie der Wahnsinn.

Zusammenfassung

Biographie und Historie – Goyas Lebensgeschichte und die gesellschaftlichen Antagonismen seiner Zeit

Die Biographie, in der die Lebensphilosophie die «Urzelle der Geschichte»[242] gesehen hatte, die jedoch spätestens der Strukturalismus aus der ernst zu nehmenden Geschichtsschreibung eliminiert zu haben schien, kann sich heute neuer Aktualität erfreuen, und zwar unter prinzipiell gesellschaftskritischem Vorzeichen. Der Lebensverlauf des einzelnen, seine nicht erfüllten Ansprüche und Bedürfnisse werden gegen die jeweiligen gesellschaftlichen Entwicklungen gewendet, um diese damit in Frage zu stellen.[243] Dabei wird jedoch der Mangel des Biographismus um die Jahrhundertwende prinzipiell nicht überwunden, nämlich von einem starren Gegensatz zwischen Gesellschaft und dem durch angeblich unableitbare Spontaneität charakterisierten Individuum auszugehen. Da zudem der Kern von Individualität bei den lebensphilosophischen Begründungen von Biographie im allgemeinen in psychischer Erlebens- und Reflexionsfähigkeit gesehen wird, ist zudem bei diesem hermeneutischen Ansatz bereits der Anspruch auf aktive Teilhabe des Subjekts an Geschichte weitgehend preisgegeben.

Demgegenüber müßte es Aufgabe einer den Geschichtsprozeß wie die durch ihn geprägte Individualitätsform erhellenden Biographie sein, Eigenschaften, Wesen, Fähigkeiten und Bedürfnisse des einzelnen als gesellschaftlich geworden zu begreifen. Die Einmaligkeit eines Künstlers wie Goya kann nicht als monadenhafte Entität verstanden werden, die sich nur in der Außenwelt zu realisieren gehabt hätte, aber als solche bereits im Keime vorhanden war. Die Genialität Goyas, seine besonderen Fähigkeiten, werden in den vielen Biographien über ihn als naturgegeben vorausgesetzt und damit letztlich biologistisch begründet, während es gerade gälte, sie historisch, das heißt als gesellschaftlich ermöglichte Formen der Selbstverwirklichung zu erklären.

Geht man mit der neueren Sozialisationstheorie[244] davon aus, daß die Persönlichkeit sich vor allem in ihrer Handlungsfähigkeit, ihrer Tätigkeitsstruktur entfaltet, so stehen nicht die Bewußtseinsformen oder der psychische Habitus des Künstlers, sondern sein Werk als die Vergegenständlichung seiner produktiven Handlungen im Mittelpunkt einer Künstlerbiographie. Dies gilt zwar ohnehin als selbstverständlich, interessiert doch die Lebensgeschichte in diesem Falle nur als Voraussetzung für das überlieferte und rezeptionsfähige Werk. Doch kann damit nicht ohne weiteres die alte bürgerliche Vorstellung von der Einheit von Leben und Werk eines Künstlers übernommen werden, nach der die künstlerische Arbeit als autonome, selbstbestimmte und daher zweifelsfrei subjektiv sinnerfüllte Tätigkeit zu begreifen ist. Obwohl die künstlerische Arbeit selbst unter den höfischen Bedingungen in Spanien privilegiert war, konnte sie doch nachweislich keineswegs als unmittelbarer Ausdruck künstlerischer Subjektivität im Medium des Bildes sich entfalten und auch vom Künstler nicht in dieser Weise erfahren werden, wie noch heute gern Goyas Interpreten unterstellen. An dieser Identifizierung des Künstlers mit seinem Werk, bei der das Kunstwerk auf idealistische Weise als eine «Setzung» von Realität durch den Künstler statt als Auseinandersetzung mit ihr begriffen wird, ist denn auch zu Recht Kritik geübt worden.[245] In der formalistischen Theorie zum Beispiel eines Wölfflin[246], die als Reaktion auf den Biographismus um die Jahrhundertwende verstanden werden muß, ist nun jedoch umgekehrt die künstlerische Subjektivität als Konstituens des Kunstwerks eliminiert worden, Lebensgeschichte des Künstlers und sein Werk sind demnach einander äußerlich. Die Arbeit des Künstlers besteht nur noch darin, vorgegebene künstlerische Strukturen zu verändern und zwar gemäß der von ihm unabhängigen Eigenlogik der Geschichte künstlerischer Form. Die zahlreichen stilgeschichtlichen Aufsätze auch zu Goyas Werk folgen – zumeist unbewußt – diesem Muster formalistischer Theorie. Beiden gleichermaßen idealistischen Positionen gegenüber, die heute noch und wieder ihre Anhänger finden, ging es hier um den Versuch, die Gesellschaftlichkeit auch des Verhältnisses zwischen Werk und Individualität des Künstlers – in seinem zweifellos widerspruchsvollen Charakter – aufzuweisen. Sowohl der Subjektivismus als auch der Objektivismus der beiden skizzierten Positionen, zwischen deren Polen sich im allgemeinen Lebensbeschreibungen bewegen, ist durch ein Verfahren zu ersetzen, das die Dialektik des Verhältnisses zwischen Künstlerindividualität und der diese bedingenden und durch sie partiell veränderten gesellschaftlichen Realität aufzuweisen versucht und damit zugleich die historische Geltung seines Werkes erhellt.

Aus dieser Auffassung von Biographie erklärt sich meine Vorgehensweise bei der Abfassung der vorliegenden Monographie. Die Chronologie erscheint als einziges Gliederungsschema. Gerade die Zeitstruktur, die Entwicklungslogik sind als das wesentliche Moment der Individualgeschichte zu erfassen. Die Tätigkeiten und die Entwicklung von Fähigkeiten können nur als aufeinander aufbauende, Erfahrungen verarbeitende, begriffen werden.

Durch die Auswahl, die bei Goyas Œuvre von weit über tausend Werken für diesen Band getroffen werden mußte, habe ich versucht, diese Entwicklungslogik seiner Arbeit einsichtig zu machen. Es wurden daher vorzugsweise solche Bilder berücksichtigt, deren Erfindung und sozialer Inhalt als Goyas ästhetische Reflexion von Geschichte, als eine Stellungnahme zur Sozietät seiner Zeit oder Verarbeitung seiner eigenen, die historischen Verhältnisse vermittelnden Situation nachgewiesen werden können. Ich habe es dabei zuweilen auch in Kauf genommen, gegen den Kanon der Rezeptionsgeschichte Goyas, der zur Reproduktion stets derselben «Hauptwerke» nötigt, zu verstoßen, um mich auf solche Werke konzentrieren zu können, bei deren Analyse neue Aspekte eingebracht werden oder neue Forschungsergebnisse einfließen konnten. Wichtig war mir dabei, Goyas Werk in der Perspektive der mitteleuropäischen künstlerischen Entwicklung und kunsttheoretischen Diskussion zu sehen, in der sich die Auseinandersetzung zwischen Feudaladel und aufsteigendem Bürgertum in mannigfachen Brechungen spiegelt. Erst in diesem Rahmen wird auch abschätzbar, wieweit der Künstler in Spanien eine Sonderstellung einnahm.

Die Isolation der kunsthistorischen Forschung in Spanien nach dem Bürgerkrieg hat sich notwendig in einer Rückprojektion dieser modernen Situation in die spanische Geschichte als einer Entwicklung am Rande Europas niedergeschlagen, die revidiert werden muß. Durch diese historische Konstellation in Spanien wurde zudem ein Positivismus gefördert, der allein unmittelbare Wirkungen, Einflüsse und Quellen für die Kunst Goyas aufspürte, diesen jedoch nicht ihren Stellenwert in einer weiter gespannten Perspektive zu geben vermochte. Die Lebensgeschichte Goyas liest sich auch aus diesem Grunde bisher als zufällige, kaum erst als historisch notwendige.

Eine durchgängige Historisierung vorausgesetzt, durch die biologistische Erklärungsmuster überwunden werden müssen, scheint mir die Biographie ein legitimer Zugang zur Geschichte und Kunstgeschichte gerade des Zeitalters des aufsteigenden Bürgertums zu sein. Nicht nur wurde im ausgehenden 18. Jahrhundert der gesellschaftliche Zusammenhang noch weitgehend als Ergebnis der Repulsion und Anziehung von Individuen begriffen, sondern dieser Ideologie entsprachen die tatsächlichen Verhältnisse auch insofern, als dieser Individualismus durch die bürgerliche, handwerkliche Arbeitsorganisation und – den Individualismus radikalisierend – durch eine frühe Form des Unternehmertums fundiert war. Zwischen beiden Produktionsformen, der handwerklich gebundenen und der eines freien Unternehmers, bewegt sich auch die Form von Goyas Kunstschaffen. Diese Freisetzung individueller

Von Geld ist die Rede, von wem noch?

Er verdiente viel Geld…

...mit der Vervielfältigung seiner eigenen Bilder. Seine satirischen Gemäldezyklen «Leben einer Dirne» und «Leben eines Wüstlings» stach er eigenhändig in Kupfer und verkaufte die Drucke. Sie gingen reißend weg, wohl auch, weil der Klatsch in manchen gemalten Figuren wohlbekannte Personen wiederzuerkennen glaubte.

Seine Druckerpresse war ihm nun so gut wie eine Notenpresse: Von den Einkünften seiner Kupferstiche konnte er sich ein großes Haus kaufen, das er bis zum Ende seines Lebens bewohnte. Er wäre noch reicher geworden, wenn nicht Raubdrucke das Geld auch in andere Taschen hätten fließen lassen. Erbost darüber, verlangte und erreichte er ein Gesetz, das das Urheberrecht von Künstlern an ihren Gemälden sicherte. Eine Pioniertat damals, im Jahre 1735.

Damit hatte der Sohn eines armen Schulmeisters den Höhepunkt seiner Karriere erreicht. Berühmt und reich, konnte er sich nun auch weniger einträglichen Arbeiten widmen. Aber es zog ihn bald zu den Pfründen zurück: Er stieg ins profitabelste Malgeschäft ein und porträtierte. Für sein Porträt eines damals berühmten Schauspielers «Garrick als Richard III.» erhielt er das bis dato höchste Honorar.

Er widmete sich aber nicht nur der Malerei, sondern auch dem Ruf seines Landes. Er versuchte, der Kunst seiner Inselheimat auch auf dem Kontinent zu Ansehen zu verhelfen. Er erreichte es wenigstens für seine Person: Er wurde der erste englische Maler, der sogar in Frankreich ernst genommen wurde. Von wem war die Rede?

(Alphabetische Lösung: 8-15-7-1-18-20-8)

Produktion aus Zunftschranken, die bereits die Hofkunst charakterisiert, ist eine grundlegende Voraussetzung für die geradezu explosiv sich entwickelnde Individualität von Goyas Kunst.

Es ist auffällig, daß gerade an den sogenannten aufgeklärten Höfen des ausgehenden 18. Jahrhunderts, die liberale Spielräume boten, im Spannungsfeld zwischen Aristokratie und sich emanzipierendem Bürgertum Künstler mit einer stupenden, dabei innovationsreichen Produktivität sich entfalten konnten. Man denke nur an Mozart in Wien oder Goethe in Weimar. In Spanien muß die Liberalität des Hofes wohl vornehmlich negativ beschrieben werden: eine feste Hierarchie, die relativ konkurrenzlose Lebensformen ermöglicht hätte, konnte der Hof auf Grund seiner Schwäche nicht mehr bieten. Gerade wegen der permanenten Finanznot fehlte auch eine rigide Administration, die die knappen Mittel hierarchisch und regelmäßig zugeordnet hätte. Goya mußte sich also seine Lebensgrundlage, seine Aufträge, seine Wirkungsmöglichkeiten auch noch erkämpfen, als er bereits am Hofe arbeitete. Die Lockerung der höfischen Hierarchie, in der die Rangfolgen gerade bei den unteren Chargen, zu denen die Hofmaler zählten, nicht mehr ein für allemal entschieden waren, hatte zur Folge, daß Goya seine Interessen nicht mehr als mit denen des Hofes identisch erfahren konnte, so sehr er dies zunächst angestrebt hatte. Gerade als er sich im Vergleich mit den übrigen Hofmalern so weit ausgezeichnet hatte, daß er genügend Anerkennung und Aufträge fand, ging das, was er für das Wesentliche seiner Arbeit hielt, nicht mehr darin auf, den höfischen Ansprüchen zu genügen.[247] Die Dialektik seines Kampfes um Wertschätzung am Hofe mußte bewirken, daß er im Moment der Erreichung seines Ziels den Rückzug vom Hofe anstrebte. Seine durch die höfischen Bedingungen erzwungene und als Lebensform von Goya mühevoll errungene Individuation implizierte die Negation des Hofes. Die zu Ende des 18. Jahrhunderts am Hofe entwickelten individuellen Fähigkeiten der konkurrierenden Künstler konnten sich auch insofern produktiver als etwa zur Zeit Ludwigs XIV. entfalten, als sich selbst in Spanien begrenzte Wirkungsmöglichkeiten außerhalb von Hof und Kirche eröffneten. Erst nachdem Goya eine reale Distanz zum Hofe gewonnen hatte – teilweise mit seiner Krankheit ertrotzt –, setzte in seinem Schaffen eine wahre Bilderflut ein, und zwar vor allem in seinen Zeichnungen und Radierungen, die schon als Medium nicht den vorrangigen Kunstbedürfnissen des Hofes entsprachen. Da Goyas Lebensgrundlage dennoch sein Gehalt und seine Auftragsarbeiten blieben, geriet er auch nicht in Abhängigkeit vom Markt, produzierte auch kaum auf diesen hin, sondern so frei, wie künstlerisches Schaffen nur je hat sein können.[248]

Andererseits bleibt jedoch die Bindung an die feudalistische Gesellschaftsform, deren Überwindung der Absolutismus nolens volens mitbetreibt, Voraussetzung für die Entfesselung der Phantasie in Goyas späterer Produktion. Die Grundlage seiner Kunst bleiben die kollektiven Mythen, die in Spanien noch einmal mobilisiert werden, um den Klassenantagonismus zwischen Feudaladel und Bürgertum zu versöhnen: das sind vor allem die christlichen Mythen, der Stierkampf, die pikaresken Bilder, an denen alle Klassen und Schichten in Spanien partizipierten. Goya befaßt sich noch nicht mit bildungsbürgerlichen, in mannigfacher Form antikisierenden oder archaisierenden, tendenziell elitären und artistischen Problemen und Motiven wie diejenigen Künstler in Europa, die den Bruch mit den höfischen Institutionen vollständiger vollzogen haben, etwa die deutschen romantischen Maler während ihres Aufenthalts in Rom oder auch David zur Zeit der Revolution. Ihre Bilder interpretierten die Realität von einem partikulareren, bürgerlichen Standpunkt aus.

Aber diese kollektiven Mythen wendet Goya in seinem späteren Werk häufig – keineswegs durchgängig – so, daß sie als Medium des zwischenmenschlichen Kampfes, zuweilen auch direkt des Klassenkampfes, erkennbar werden. Der Glaube wird als Aberglaube denunziert, die scheinbar metaphysischen Gestalten als Wesenskräfte des Menschen erkannt. Diese Einsichten Goyas waren vital vermittelt durch seine eigenen Selbstbehauptungskämpfe am Hof, die leidvolle Erfahrung der damit verbundenen Vereinzelung, für die er durch seine Sozialisation nicht gerüstet war. Intellektuelle Verarbeitungsmöglichkeiten für diese Erfahrungen flossen Goya aus seinem Kontakt mit der bürgerlichen spanischen Aufklärung zu.

In seinen späteren Werken stellt Goya die Formen zwischenmenschlichen Fehlverhaltens nicht mehr an Personen aus dem Umkreis des Hofes dar wie weitgehend in seinen *Caprichos*, sondern an solchen aus den untersten Schichten des Volkes, an Bettlern, Musikanten, Räubern, auch kleinen Handwerkern und Landarbeitern. Diese Schichten waren neu ins Blickfeld des Hofes gelangt, als bei der Auseinandersetzung zwischen Adel und Bürgertum die Loyalität der Massen von beiden Seiten reklamiert wurde. Zugespitzt erwies sich das in der Epoche des napoleonischen Krieges, als um die Erhaltung der Monarchie bzw. um deren Umwandlung in eine bürgerliche Staatsform gekämpft wurde. Gerade weil der Klassenantagonismus dieser Epoche nicht wie in Frankreich durch den Sieg des Bürgertums entschieden wurde, konnten in Spanien auch die untersten Volksschichten nicht in gleicher Weise ideologisch verdrängt werden wie in Frankreich, als das Bürgertum zur Durchsetzung seiner Emanzipation scheinbar nicht mehr auf sie angewiesen war.

So läßt sich meines Erachtens ansatzweise das erstaunliche Phänomen erklären, daß Goya nach seinem Dispens vom Hofe nicht, oder nur sehr vermittelt, seine eigenen Leidenserfahrungen in seiner freien Kunstproduktion reflektiert, wie dies in der romantischen Kunst in Frankreich oder Deutschland geschieht, sondern stellvertretend die der untersten

Volksschichten. Bereits in seinen frühesten Arbeiten für den Hof, seinen Teppichkartons, beginnt er damit. Immer nachdrücklicher stellt er die Gestalten aus den untersten Volksschichten als die Opfer des Fortschritts dar, als diejenigen, die ihn bezahlen müssen, zugleich aber auch in ihrer phantastischen Produktivität, die sich kaum anders als zerstörerisch entladen kann.

Die letzten Jahre in Madrid lebt Goya mit einer Frau in anarchischer Lebensgemeinschaft zusammen in einem Landhaus außerhalb der Stadt, in der er sich ehedem für zu bekannt und exponiert gehalten hatte, um Familienangehörige bei sich aufzunehmen, deren ländlicher Lebensstil der seine nicht mehr war.[249] Seine Umweltbeziehungen reduzieren sich nun wieder auf familiale Bindungen und die an enge Freunde. Damit werden ohne jede Sentimentalität Erinnerungen an seine frühe Sozialisation im Kontakt mit den untersten Volksschichten freigesetzt, an Lebensformen des Volkes, die ihm lebendig geblieben sind, gerade auf Grund seiner nie völlig überwundenen Fremdheit am Hofe. Er hatte ein Selbstbewußtsein entwickelt, das der Form nach bürgerlich war, seinen sozialen Inhalten nach jedoch vorbürgerlich und darum zugleich über das Bürgertum hinausweisend.

Mit seiner Grundfähigkeit, in visuellen Bildern zu denken, hatte Goya am Hofe eine Beobachtungskraft entwickelt, die in Mimik und Gestik der Menschen ihre Wünsche, Leiden, Triebe, Verstellungen entdeckte, die die Physiognomien in ihrer Intentionalität lesbar machte. Als eine Psychopathologie der Individuen sind Goyas Bilder unmittelbar verständlich geblieben. Diese sinnliche Evidenz der Leiden und Kämpfe, die Goya darstellt, enthebt uns jedoch nicht der Frage nach dem Charakter der historischen Realität, die ein Individuum zu diesen einmaligen bildlichen Artikulationen fähig machte, die ihre kommunikative Potenz bis heute bewahrt haben. Dennoch reflektierte Goya in seinen Bildern diese Realität selten anders als Verweigerung von Glück.

Anmerkungen

Abkürzungen

Bd. (Vol.)	= Band
Doc.	= Documento(s)

Abgekürzt zitierte Literatur

Ausst. Kat. Boston	The Changing Image: Prints by Francisco Goya. Boston 1974
Bédat	C. Bédat: L'académie des beaux-arts de Madrid, 1744–1808. Toulouse (1974)
Ceán Bermúdez, Diccionario	J. A. Ceán Bermúdez: Diccionario histórico de los mas ilustres profesores de las bellas artes en España. Madrid 1800
Gassier	P. Gassier: Les dessins de Goya, les albums. Fribourg 1973
Gassier/Wilson:	P. Gassier, J. Wilson: Goya, His Life and Work. London 1971
Gudiol	J. Gudiol: Goya. Biografía, estudio analítico y catálogo de sus pinturas. Barcelona 1970 (4 Bde.)
Held	J. Held: Die Genrebilder der Madrider Teppichmanufaktur und die Anfänge Goyas. Berlin 1971
Lafuente Ferrari, Antecedentes	E. Lafuente Ferrari: Antecedentes, coincidencias e influencias del arte de Goya. Madrid 1947
Ponz	A. Ponz: Viage de España. Madrid 1787–1794. Zitiert nach der Ausgabe Madrid 1972 (18 Bde.)
Sambricio	V. de Sambricio: Tapices de Goya. Madrid 1946
Viñaza	Conde de Viñaza: Goya. Su tiempo, su vida, sus obras. Paris 1887
Zapater	F. Zapater y Gómez: Goya. Noticias biográficas. Zaragoza 1868

1 Lafuente Ferrari, Antecedentes, S. 285 f.
2 Gudiol, Bd. I, S. 17
3 Gudiol, Bd. I, S. 17
4 Zapater. Vgl. zu der Edition der Briefe von Goya: E. Lafuente Ferrari: Las cartas de Goya a Zapater y los Epistolarios españoles. In: Homenaje a la memoria de Don Antonio Rodriguez-Moñino, 1910–1970. Madrid 1975

5 Siebzehnjährig beteiligte sich Goya zum erstenmal an dem Wettbewerb der Madrider Akademie. Nach eigener Aussage war er vier Jahre in der Werkstatt Luzáns gewesen. Vgl. Noticia de los Quadros que se hallan colocados en la Galería del Museo del Rey. Madrid 1828, S. 67f. – Die Angaben zu der Kurzbiographie Goyas in diesem Katalog wurden dem Autor von Goya selbst mitgeteilt. – Für die gelegentliche Behauptung, daß Goya vor seiner Ausbildung bei Luzán bei Juan Ramirez gelernt habe, gibt es keinen Beleg.
6 Noticia, op. cit. (Anm. 5), S. 67f.
7 Ceán Bermúdez, Diccionario, Bd. 3, S. 55f.
8 Zu den Privatstipendien, die der Adel vergab, vgl. Bédat, S. 173f.
9 Lafuente Ferrari, Antecedentes, S. 289f.
10 Vgl. insbesondere Goyas spontane Äußerungen gegenüber seinem Freund Zapater in seinen Briefen.
11 Zur Ehrauffassung der spanischen Aristokratie vgl. A. Castro: De la edad conflictiva. Madrid 1961, S. 55f. – Vgl. auch Held, S. 43
12 Gudiol, Bd. I, S. 19
13 Dieses Bild ist verschollen. Vgl. A. Hyatt Mayor: Goya's «Hannibal Crossing the Alps». In: The Burlington Magazine, 97, 1955, S. 295–296
14 Gudiol, Bd. I, S. 21
15 Sambricio, S. 19
16 Die Schüler der Akademie wurden bei Wettbewerben und Stipendien bevorzugt. Vgl. Bédat, S. 212. – Die Academia de San Fernando hatte die Möglichkeit, auf Grund eines Wettbewerbs sechs Stipendiaten für je sechs Jahre nach Rom zu schicken, die vom König bezahlt wurden (je zwei Architekten, Bildhauer und Maler). Sie wurden verpflichtet, nach Spanien, in den Dienst des Königs zurückzukehren. In Rom lebten sie im spanischen Hospital Santiago unter der Kontrolle des spanischen Botschafters. 1762 waren die Studien der Maler folgendermaßen geregelt worden: in den ersten fünf Jahren mußten sie Bilder kopieren, die als die berühmtesten galten. Im letzten Jahr sollten sie ein Werk nach eigener Erfindung ausführen, dessen Thema allerdings die Akademie festlegte. 1758 war Francisco Preciado de la Vega, der bereits lange in Rom ansässig war, als Direktor der Stipendiaten mit ihrer Überwachung beauftragt worden. Diesen Posten behielt er bis zu seinem Tode 1790. Danach wurden die Stipendien aufgegeben. Der spanische Minister Floridablanca betonte zwar, daß Madrid über genügend Bilder und Möglichkeiten für eine künstlerische Ausbildung verfüge (außer für Architekten). Jedoch hielt er im Gegensatz zu den spanischen Akademieprofessoren eine Ausbildung in Rom weiterhin für erforderlich (vgl. Bédat, S. 229f.). Die Stipendien wurden daher wenigstens für die Architekten fortgesetzt. Die Äußerungen Floridablancas über die Notwendigkeit einer Ausbildung in Rom sind kennzeichnend für die geringe Meinung, die nicht nur er vom künstlerischen Niveau der spanischen und allein an der Madrider Akademie ausgebildeten Künstler hatte. Dagegen hielten es die Künstler selbst bald nicht mehr mit der «nationalen Ehre» für vereinbar, eine bessere Ausbildung im Ausland zu suchen (so 1807; vgl. Bédat, S. 231).
17 Sambricio, Doc. 56
18 Noticia, op. cit. (Anm. 5), S. 65f.
19 Vgl. z. B. G. M. de Jovellanos: Memoria sobre educación pública, o sea tratado teórico-práctico de enseñanza ... In: Ders.: Obras Escogidas, Bd. II.

Hg. A. del Rio. Madrid 1935 (Clásicos Castellanos Bd. 111), S. 51f. – E. Cotarelo y Mori: Iriarte y su época. Madrid 1897. – R. E. Pellissier: The Neo-Classic Movement in Spain during the 18th Century. Stanford 1918. – Palacio Atard: Los españoles de la ilustración. Madrid 1964

20 Das geht aus den im Archivo Municipal in Zaragoza aufgeführten Steuerabgaben der Maler hervor. Vgl. Gudiol, Bd. I, S. 29

21 J. Held: Francisco de Goya, Die Gemälde. In: Zeitschrift für Kunstgeschichte, 1965, S. 230

22 R. Rosenblum: Transformations in Late Eighteenth Century Art. Princeton 1970, S. 52

23 Gudiol, Bd. I, S. 29. – Genaue Untersuchungen über die Organisation der Freskomalerei des 17. Jahrhunderts fehlen meines Wissens. Aus den Zahlungen zum Beispiel an Cortona scheint mir jedoch hervorzugehen, daß diesen Künstlern ein größerer «Apparat» zur Verfügung stand als dem spanischen Maler des 18. Jahrhunderts. Vgl. J. Garms (Hg.): Quellen aus dem Archiv Doria-Pamphilj zur Kunsttätigkeit in Rom unter Innocenz X. Rom–Wien 1972, Nr. 925, 943. – R. Preimesberger: Pontifex Romanus per Aeneam Praesignatus. Die Galleria Pamphilj und ihre Fresken. In: Römisches Jahrbuch für Kunstgeschichte, 16, 1976, S. 221ff., insbesondere S. 246, 247.

24 Die Dokumente zur Auseinandersetzung um Goyas Fresken von 1780/81 sind zusammengestellt in: Viñaza, S. 162f.

25 Sambricio, Doc. 4

26 Bédat, S. 272. – V. de Sambricio: Francisco Bayeu. Madrid 1955, S. 12ff.

27 Diese Wohn- und Familiengemeinschaft hat noch Züge der handwerklichen Werkstattgemeinschaft, die gemeinsame Produktionsstätte ist und für deren Aufrechterhaltung eine entsprechende Moral entwickelt worden war, die noch weiterhin Geltung hatte.

28 Sambricio, Doc. 56

29 Vgl. Held, S. 11ff.

30 Sambricio, Doc. 19. – Held, S. 15f.

31 Sambricio, Doc. 120 und 193

32 Gudiol, Bd. I, S. 42. Vgl. Goyas Brief vom 9. 1. 1779 an Zapater; Zapater, S. 14

33 Bédat, S. 278

34 Sambricio, Doc. 56, 59

35 Der Kruzifix von Mengs befindet sich in den ehemals königlichen Sammlungen. Vgl. D. Honisch: Anton Raphael Mengs. Recklinghausen 1965, Kat. Nr. 108

36 Academia de San Fernando, Juntas Ordinarias, III, 1776–85, Junta vom 2. 5. 1785

37 Bédat, S. 199 und Academia de San Fernando, Juntas Ordinarias, III, 1776–85, Junta vom 1. 6. 1788

38 Brief vom 11. 3. 1786; Zapater, S. 37; Gudiol, Bd. I, S. 69. – 1780–89 verdiente Goya jährlich durchschnittlich 29500 Reales. Zum Vergleich: ein Landarbeiter verdiente ca. 6 Reales Tagelohn, ein Fabrikarbeiter ca. 95 Reales. Das Jahreseinkommen eines Kapitäns betrug 1792 8400 Reales. Nähere Angaben bei: N. Glendinning: Goya and his Critics. New Haven–London 1977, S. 302ff.

39 Brief vom 10. 5. 1780; Zapater, S. 18; Gudiol, Bd. I, S. 49

40 Sambricio, S. 289f., Anm. 69. – Zu Goyas Wohnungen vgl. auch: F. J. Sánchez-Cantón: Cómo vivía Goya. Madrid 1946. – G. Demerson: Goya, en 1808 no vivía en la Puerta del Sol. In: Archivo Español de Arte, 30, 1957, S. 177–185

41 Gudiol, Bd. I, S. 69f., Brief vom 1. 8. 1786; Zapater, S. 37ff.

42 Bédat, S. 63f.

43 Brief vom 1. 8. 1786; Zapater, S. 37ff.; Gudiol, Bd. I, S. 70

44 Eine Aufstellung der Adligen, die Goya porträtierte, findet sich bei: E. du Gué Trapier: Goya and His Sitters. New York 1964

45 Zu den Bildern der Banco de San Carlos (heute Banco de España) vgl. L. G. de Valdeavellano: Las relaciones de Goya con el Banco de San Carlos. In: Boletín de la sociedad Española de Escursiones, 36, 1928, S. 56–65. – Der Conde de Cabarrus (1752–1810), gebürtiger Franzose, war Fabrikant in Spanien, Gründer und Direktor der Banco de San Carlos in Madrid. Nach dem Tode Carlos' III. wurde er seiner Ämter enthoben, jedoch 1792 rehabilitiert.

46 Jovellanos (1744–1811) stammte aus dem asturischen Adel. Seit 1778 war er am Madrider Hof als Reformpolitiker, Theoretiker und Dichter hervorgetreten. 1790 wurde er auf Grund seines Eintretens für den Conde de Cabarrus verbannt, 1797 durch Godoy mit einem Regierungsamt erneut betraut, jedoch 1798 wiederum verbannt. Wie Goya wurde er 1780 in die Academia de Bellas Artes in Madrid aufgenommen. Goya porträtierte ihn 1798.

47 Vgl. hierzu u. a. R. Herr: The Eighteenth Century Revolution in Spain. Princeton 1969

48 Brief vom 20. 9. 1783; Zapater, S. 17; Gudiol Bd. I, S. 55. – J. Ezquerra del Bayo: La Duquesa de Alba y Goya. Madrid 1928, S. 152ff. – Condesa de Yebes: La Condesa-Duquesa de Benavente ... Madrid 1955, S. 45

49 Die Dokumente zu diesem Auftrag finden sich zusammengestellt bei E. Lafuente Ferrari: Sobre el cuadro de San Francisco el Grande y las ideas estéticas de Goya. In: Revista de Ideas Estéticas, 4, 1946, S. 307–337

50 Viñaza, S. 179ff. – Gudiol, Bd. I, S. 53f.; Anm. 49

51 Brief vom 20. 9. 1783; Zapater, S. 17; Gudiol, Bd. I, S. 55

52 Vgl. Bédat, S. 361

53 Bédat, S. 108ff.

54 Charakteristisch ist etwa Jovellanos' relativ epigonale Schrift: Elogio de las bellas artes. In: Obras Escogidas de Jovellanos. Hg. F. Soldevilla. Paris 1887, S. 62–104

55 Vgl. etwa Ceán Bermúdez, Diccionario, Bd. 4, S. 147f. (Artikel über Juan Ramirez, dessen barocken Stil der Autor z. B. kritisiert). – Ponz' Kritik an barocken Kirchen bzw. kontrastiv zu dieser Kritik seine Beschreibung der Bauten, an deren Ausstattung Mengs mitgewirkt hat: vgl. Ponz, Bd. 4, S. 13ff.; Bd. 5, S. 231f. – Aufschlußreich ist auch die Kritik Jovellanos' an den spätbarocken Entwürfen von Manuel Bayeu, einem Bruder von Francisco und Ramón Bayeu, der als Mönch ebenfalls Maler war. Vgl. Lafuente Ferrari, Antecedentes, S. 69f. – Künstler wie Castillo und Antonio González Velázquez, die aus dem neapolitanisch-aragonesischen Kunstkreis nicht herausfanden, wurden in späteren Jahren völlig übergangen, was zu ihrer bitteren Armut führte (vgl. die Kurzbiographien in Held, S. 133 und 158).

56 Zur Aristokratie vgl. N. Elias: Die höfische Gesellschaft. Neuwied 1969, passim. – Zu Bayeu vgl. Bédat, S. 109

57 Bédat, S. 124ff.

58 Bédat, S. 261
59 Vgl. Held, S. 16f. – Ebenso wie Goya die Beurteilung durch Bayeu und Maella ablehnte, hatte Bayeu es sich verbeten, von González Velázquez begutachtet zu werden (Bédat, S. 170).
60 Viñaza, S. 162ff.
61 Vgl. die Briefe an Zapater, etwa vom 4. 7. 1781; 11. 12. 1784; 14. 1. 1785; Zapater, S. 20, 29, 33; Gudiol, Bd. I, S. 42, 55
62 Vgl. Ponz, Bd. 5, S. 105ff.
63 Vgl. E. Lafuente Ferrari: Sobre el cuadro de San Francisco el Grande y las ideas estéticas de Goya. In: Revista de Ideas Estéticas, 4, 1946, S. 307–337. – Offensichtlich sollten Heilige des Franziskanerordens dargestellt werden. Allerdings waren auch Themen allgemeineren Charakters wie die Verherrlichung des Ablasses (Bayeu) oder die Immakulata (Maella) vorgesehen.
64 Nach Goyas Schreiben an Floridablanca handelt es sich um Renato von Sizilien. Vermutlich ist der König später umbenannt worden, da ein König spanischer Herkunft für angemessener galt. Ponz, Bd. 5, S. 108 macht hierzu keine Angaben.
65 Brief vom 6. 6. 1787; Zapater, S. 44; Gudiol, Bd. I, S. 72
66 Brief vom 6. 6. 1787; Zapater, S. 44. – A. de Beruete: Goya, Bd. 2 (Composiciones y figuras). Madrid 1917, S. 33
67 Vgl. F. Nordström: Goya's State Portrait of the Count of Floridablanca. In: Konsthistorisk Tidskrift, 31, 1962, S. 82–94
68 Vgl. z. B. R. Koselleck: Kritik und Krise. Frankfurt 1976, S. 57
69 J. Ezquerra del Bayo: La Duquesa de Alba y Goya. Madrid 1928, S. 144
70 Zur Romantik des Adels vgl. N. Elias: Die höfische Gesellschaft. Neuwied 1969, S. 320ff.
71 Eine Verwandtschaft zum Stil der Madrider Damenporträts von Mengs, etwa dem der Marquesa de Llano (Madrid, Academia de San Fernando), ist auffällig. Die klassizistische Forderung nach «fließenden» Konturen (vgl. J. J. Winckelmann: Gedanken über die Nachahmung der griechischen Werke in der Malerei und Bildhauerkunst, 1755. In der Ausgabe Stuttgart 1969, S. 15ff.) erfüllen Goyas Figurenbilder jedoch nicht.
72 J. Baretti: A Journey from London to Genoa, through England, Portugal, Spain and France. London 1770, Bd. 2, S. 317
73 Vgl. u. a. E. Cotarelo y Mori: Iriarte y su época. Madrid 1897, S. 55ff.
74 Das Wort «castizo» wird in diesem Zusammenhang häufig verwendet. Vgl. Diccionario de Autoridades. Madrid 1969 (Nachdruck der Ausgabe von 1726), Bd. 1, S. 225. Sein Bedeutungsfeld wird mit der «limpieza de sangre» zusammenhängen («Reinrassigkeit»), durch die die altchristlichen Spanier sich von Juden und Mauren und «Neuchristen» unterschieden. Vgl. A. Castro: Spanien, Vision und Wirklichkeit. Köln–Berlin 1957, S. 496ff. und passim. Vgl. auch Held, S. 64
75 Diccionario de Autoridades, a. a. O. (Anm. 74), Bd. 2, S. 460
76 Z. B. G. Borrow: The Bible in Spain. London 1961, S. 112ff. Der Bericht geht auf eine Reise Borrows durch Spanien und Portugal von 1835 bis 1839 zurück.
77 W. Krauss: Gesellschaftlichkeit und Geselligkeit im Spanien der Aufklärung. In: Werk und Wort ... Berlin–Weimar 1972, S. 242ff. Hier auch Angabe von Quellen aus dem 18. Jahrhundert.

78 Ambivalent wie die französische Mode und Imitation der Aufklärung durch Teile des Adels war auch der ebenfalls durch Adlige mitgetragene «Majismo» (wobei die Anhänger der französischen Mode, die «petimetres», und die «majos» jedenfalls für die aufgeklärte Kritik, in ihren Lastern äquivalent sind; vgl. z. B. Libro de moda ... Madrid 1795 oder E. Correa Calderón: Costumbristas españoles. Madrid 1950, S. 456ff.). – Bei der Abgrenzung gegen die französische Kultur kündigt sich auch bereits ein nationales Interesse an, in dessen Zeichen die spanischen Volksmassen ihre Befreiung im Kampf gegen Napoleon versuchen werden. – Schon das Stichwerk der Akademie, in dem Juan de la Cruz spanische Volkstypen darstellte und das vom Adel gefördert wurde, war doch zugleich über diesen feudalistischen Traditionalismus hinausgewachsen und in den Augen der Künstler zu einem nationalen Anliegen geworden, durch das man sich von ähnlichen französischen Unternehmen unterscheiden und unabhängig machen wollte. Vgl. auch Bédat, S. 235ff.

79 Vgl. Bédat, S. 380

80 Vgl. die Briefe an Zapater aus diesen Jahren.

81 Bei der Modernisierung der Teniers-Darstellungen im französischen Geschmack spielen die Genrebilder von Houasse eine vermittelnde Rolle. Dieser war Hofmaler unter Philipp V., dem ersten Bourbonenkönig auf spanischem Thron. Vgl. J. Held: Michel-Ange Houasse in Spanien. In: Münchner Jahrbuch der bildenden Kunst, 39, 1968, S. 185–206. – Die Sammlung niederländischer Bauernszenen, besonders von Teniers, war bereits durch die Habsburger in königlichen spanischen Besitz gelangt. Die Darstellungen der Bauern, die als tölpelhafte, den Sinnen verhaftete Wesen bei ihren derben Mahlzeiten und Festen erscheinen, diente dem kruden Amusement, einer Art Triebentlastung des durch Etikette frustrierten Hofes. Gleichzeitig war aber auch das Bewußtsein wechselseitiger Bindung des Feudaladels und des Landvolkes aneinander noch nicht ganz verschüttet, womit auch Velázquez' Bild der trunkenen Bauern, die einen Bacchus erküren, rechnet (Prado, Inv. Nr. 1170).

82 Vgl. Held, S. 16, 66

83 So ist auffällig, daß Goya diese genannten Themen in einer Zeit malt, als die Politik, die Jovellanos und Campomanes unterstützt hatten, nämlich einen starken Mittelstand (Handwerk und Kleinunternehmertum) zu schaffen, zugunsten der einseitigen Bevorteilung der Bourgeoisie gescheitert war. – Die Opposition des Adels äußert sich nun in aufklärerischen, ja revolutionären, aus Frankreich stammenden Parolen, mit denen dieser die neue Regierung unter Godoy einzuschüchtern und die fortschrittlichen Ansätze des Absolutismus rückgängig zu machen suchte bzw. allein seinem eigenen, dem agrarischen Kapitalismus dienstbar machen wollte. Vgl. R. Herr: The Eighteenth Century Revolution in Spain. Princeton 1969, S. 316ff. – H. Baumgarten: Geschichte Spaniens zur Zeit der französischen Revolution. Berlin 1861, S. 529.

84 Dabei ist nicht sicher, ob Goya diese Bilder eigens für die Osunas malte, oder ob diese sie aus seinem Bestand auswählten. Sie haben jedenfalls auch Genrebilder von Goya gekauft, die dieser als ‹Bozzetti› für seine Teppichkartons gemalt hatte.

85 Academia de San Fernando, leg. 1–23. – Goya selbst beschreibt in einem

weiteren Brief an Iriarte eine Szene in einem Irrenhaus, die er in Zaragoza gesehen habe: zwei nackte Irre kämpfen miteinander, während sie von ihren Wärtern geschlagen werden. Dies Bild ist mit dem jetzt in Dallas, Meadows Museum, befindlichen eindeutig identifizierbar. Ferner gehören dieser «Serie von Kabinettbildern», wie Goya sich ausdrückt, vermutlich eine Vorführung der Commedia dell' Arte an (Prado, Inv. Nr. 3045) sowie der Angriff auf eine Kutsche (Slg. Castro Serna), neben den acht Stierkampfbildern in Madrider und Pariser Privatbesitz (Gassier/Wilson, Kat. Nr. 317–324). – Die Briefe an Iriarte vom 4. 1., 7. 1., 9. 1. 1794 abgedruckt bei Gassier/Wilson, S. 382.

86 N. Fernández Moratín: Carta histórica sobre el origen y progreso de las fiestas de toros en España. Madrid 1777. – Vgl. auch E. Sayre: Goya's Titles to the Tauromaquia. In: P. Bloch u. a. (Hg.): Intuition und Kunstwissenschaft. Festschrift für Hanns Swarzenski zum 70. Geburtstag am 30. August 1973. Berlin 1973, S. 511–522.

87 Archiv der Academia de la Historia, Madrid, leg. 26. – Vgl. auch J. Ezquerra del Bayo: La Duquesa de Alba y Goya. Madrid 1928, S. 144

88 Über den Zustand Goyas während seiner Krankheit erfahren wir aus Briefen von Martínez. Vgl. Gassier/Wilson, S. 105f.; Gudiol, Bd. I, S. 90

89 Juntas ordinarias de la Real Academia de Bellas Artes, Discursos. Madrid 1928, S. 16

90 Vgl. Gassier/Wilson, Kat. Nr. 708–711

91 Vgl. zu dieser Reise Gudiol, Bd. I, S. 90. – Über die Beziehungen zwischen Goya und der Herzogin von Alba informiert auf Grund des dokumentarischen Materials ausführlich J. Ezquerra del Bayo: La Duquesa de Alba y Goya. Madrid 1928. – Zu den Porträts des Herzogspaares, sowie dem Porträt der Herzogin, das in Goyas Besitz blieb, vgl. Gassier/Wilson, Kat. Nr. 350, 351, 355.

92 Academia de San Fernando, Junta vom 30. 4. 1797, Juntas Ordinarias, Libro V

93 Vgl. Bédat. S. 161ff.

94 J. Held: Goyas Akademiekritik. In: Münchner Jahrbuch der bildenden Kunst, Bd. XVII, 1966, S. 214–224

95 Gassier/Wilson, S. 382

96 Sambricio, Doc. 177. Vgl. auch Gassier/Wilson, S. 108

97 V. Carderera: François Goya – Sa Vie, ses Dessins et ses Eaux-Fortes. In: Gazette des Beaux-Arts, VII, 1860, S. 215ff. – Gassier, S. 17ff. und S. 45ff.

98 Ponz, Bd. 6, S. 130f

99 Vgl. Ausstellungskatalog Boston, S. 1ff. – Neben der religiösen Graphik standen Porträts bekannter Persönlichkeiten sowie Darstellungen von Kuriositäten und Erfindungen im Vordergrund.

100 Aufschlußreich ist, daß Carmona seine Wiedergabe des Bildes von Velázquez, der Tradition des 17. Jahrhunderts folgend, als Bacchus bezeichnet (das Bild ist im Inventar des Alcázar von 1636 unter diesem Titel verzeichnet). Goya dagegen nennt als Titel: «Un baco fingido», d. h. einer, der vorgibt, Bacchus zu sein. Die Personen sind also seines Erachtens Bauern, die eine Maskerade inszenieren. Die übrigen mythologischen und religiösen Bilder von Velázquez hat Goya, der in diesen Jahren als Genremaler tätig war und eine Karriere als Porträtmaler anstrebte, bezeichnenderweise nicht kopiert.

101 Vgl. Ausst. Kat. Boston, S. 18ff.
102 Ponz, Bd. 8, S. II
103 Vgl. Ausst. Kat. Boston, S. 60. – Eine Kopie der Zeitungsannonce von 1797 befindet sich im Besitz der Familie Carderera.
104 Gassier/Wilson, S. 385. Mqs. del Saltillo: Goya en Madrid, su familia y alegados ... In: Miscelánea Madrileña, Histórica y Artística. Madrid 1952, S. 13
105 Darunter die Vorzeichnungen zu den Caprichos Nr. 13, 43, 63, 65, 66, 68–70, 82. – Die meisten der Zeichnungen sind numeriert; die höchste Zahl ist 28. Alle diese Vorzeichnungen tragen bereits Inschriften.
106 Vgl. hierzu näher J. Held: Francisco de Goya, Graphik und Zeichnungen. In: Zeitschrift für Kunstgeschichte, 1964, S. 60ff.
107 Einige Restexemplare der *Caprichos* scheinen allerdings 1810 an den Buchhändler Ranz gegangen zu sein. Vgl. Ausst. Kat. Boston, S. 61, Anm. 36
108 Dieses Manuskript trägt die Notiz: «Explicac^{n}. de los Caprichos de Goya escrita de propia mano». – Es handelt sich wahrscheinlich um die Kopie eines Schreibers, jedoch wird der Text Goya selbst zugeschrieben.
109 Vgl. hierzu J. Held: Francisco de Goya, Graphik und Zeichnungen, a. a. O. (Anm. 106), S. 62f
110 Vgl. Ausst. Kat. Boston, S. 56
111 Georg Friedrich Meyer: Theoretische Lehre von den Gemüthsbewegungen überhaupt. o. O. 1744, § 77
112 Vgl. J. J. Rousseau: Du Contrat Social ... Amsterdam 1762, Livre 1, Chap. 2: Des premières sociétés. – Zur Rezeption Rousseaus in Spanien vgl. J. R. Spell: Rousseau in the Spanish World before 1833. Austin 1938
113 Vgl. etwa J. Cadalso: Cartas sobre los obstáculos que la naturaleza, la opinión y las leyes oponen a la felicidad pública. Madrid 1792, Carta II, IV
114 Zur Entschlüsselung der Szene vgl. E. Helman: Los «Chinchillas» de Goya. In: Dies.: Jovellanos y Goya. Madrid 1970, S. 183ff.
115 Vgl. hierzu: Les Sorcières. Paris (Bibliothèque Nationale) 1973, insbesondere S. 62, 69, 71
116 Vgl. E. Helman: Jovellanos y Goya. Madrid 1970, S. 162f. – Padre Benito Feijoo: Duendes y espíritus (Discurso quatro). In: Teatro crítico universal. Bd. III–IV, Madrid 1777, S. 72f.
117 G. M. de Jovellanos: Pan y toros (1794). Méjico 1820, S. 9f.
118 E. Helman: Jovellanos y Goya. Madrid 1970, S. 157ff., 161
119 Vgl. hierzu auch die allerdings im wesentlichen auf Deutschland bezogene Untersuchung von H. Bausinger: Aufklärung und Aberglaube. In: Deutsche Vierteljahresschrift für Literaturwissenschaft und Geistesgeschichte, 37, 1963, S. 345–362. – Vgl. z. B. das «wissenschaftliche» Interesse der Herzöge von Osuna. Condesa de Yebes: La Condesa-Duquesa de Benavente ... Madrid 1955, S. 53ff.
120 Zu Houasse vgl. J. Held: Michel-Ange Houasse in Spanien. In: Münchner Jahrbuch der bildenden Kunst, 1968, S. 185–206
121 Wie M. Levey festgestellt hat, handelt es sich nicht um die Einschiffung nach Kythera, wie bisher angenommen wurde, sondern um die Abfahrt von der Insel der Liebe beim Abendschein. Vgl. M. Levey: The Real Theme of Watteau's Embarkation for Cythera. In: The Burlington Magazine, 103, 1961, S. 180f und Rococo to Revolution. New York 1966, S. 58ff.
122 Zur Rezeption der *Caprichos* vgl. J. Adhémar: Essai sur les débuts de l'influ-

ence de Goya en France au XIXe siècle. In: Goya. Exposition de l'œuvre gravé, de peintures, de tapisseries et de cent dix dessins du Musée du Prado. Paris 1935, S. XX–XXXIV

123 Daß die Helldunkel-Kontraste auf die Spannung zwischen dem Licht der Vernunft und dem Dunkel der Verstrickungen in Leidenschaften hinweisen sollen, wird visuell zumal an der Vorzeichnung zu Nr. 43 deutlich: den Nachtvögeln wird der dunkle Komplex zugeordnet, dagegen geht vom Haupt des Träumenden ein Lichtstrahl aus.

124 Zu den Skizzenbüchern vgl. J. Held: Francisco de Goya, Graphik und Zeichnungen, a. a. O. (Anm. 106), S. 71ff. Die neueste Zusammenfassung mit vollständigen Abbildungen bietet Gassier.

125 Vgl. hierzu die Untersuchung von R. Rosenblum: The International Style of 1800. New York–London 1976

126 Vgl. die zahlreichen Darstellungen zu diesem Thema; s. R. Rosenblum: Transformations in Late Eighteenth Century Art. Princeton 1970, S. 21. – Bezeichnenderweise wird beim Bürgertum die Porträtminiatur in den Kabinetten des Adels durch den Schattenriß ersetzt, der sich um 1800 großer Beliebtheit erfreute.

127 J. J. Winckelmann: Sendschreiben über die Gedanken: Von der Nachahmung der griechischen Werke in der Malerey und Bildhauerkunst (1756). In: Kleine Schriften. Hg. W. Rehm. Berlin 1968, S. 77. – Vgl. zur Theorie der Karikatur G. und I. Oesterle: Karikatur. In: Historisches Wörterbuch der Philosophie, Bd. 4, Basel–Stuttgart 1976, S. 695f. – Zum folgenden vgl. auch H. Dieckmann: Das Abscheuliche und Schreckliche in der Kunsttheorie des 18. Jahrhunderts. In: Studien zur europäischen Aufklärung. München 1974, S. 372ff.

128 Vgl. hierzu auch W. J. Hipple: The Beautiful, The Sublime and The Picturesque in Eighteenth-Century British Aesthetic Theory. Carbondale 1957. Auf die einzelnen Nuancen und Akzente bei dieser Entwicklung einer Wirkungsästhetik zu Ende des 18. Jahrhunderts kann hier nicht eingegangen werden. Vor allem Kant hat den Wert der Wirkung erhabener Motive (unter denen er wie die englischen Theoretiker insbesondere Naturmächte wie Ozean, Wasserfall, Orkan etc. vorstellt) hervorgehoben und dahingehend begründet, daß unsere «Seelenstärke», das heißt unsere Subjektivität dadurch erhöht bzw. gestärkt wird, daß wir «uns mit der scheinbaren Allgewalt der Natur messen» können. Kant hebt hervor, daß die Erhabenheit «in keinem Dinge der Natur, sondern nur in unserem Gemüt enthalten» ist, «sofern wir der Natur in uns und dadurch auch der Natur ... außer uns überlegen zu sein uns bewußt werden können. Alles, was dieses Gefühl in uns erregt, heißt ... erhaben». Vgl. I. Kant: Kritik der Urtheilskraft. Berlin 1790. In: Kant, Werke, Bd. V, Berlin 1968, B § 28: Von der Natur als einer Macht. – Vgl. in diesem Zusammenhang auch Diderot zu den «gemischten Gefühlen»: Salonkritik von 1767. In: Diderot: Salons. Hg. J. Seznec und J. Adhémar. Bd. III (1767), Oxford 1963, S. 142ff.: «Il y a des sensations composées ... Écartez du son toute idée accessoire et morale, et vous lui ôterez la beauté [S. 142] ... Il est beau, il est doux de compatir aux malheureux ... C'est à leur infortune que nous devons la connaissance flatteuse de l'énergie de notre âme ...» (S. 143). «Moins la distance du personnage à moi est grande, plus l'attraction est prompte, plus l'adhésion est forte» (S. 144).

129 So schreibt schon Batteux: «Je sais bien qu'une partie de l'avantage des objets tristes dans les Arts, vient de la disposition naturelle des hommes, qui, étant nés faibles et malheureux, sont très susceptibles de crainte et de trister ...» Vgl. Ch. Batteux: Les beaux-arts réduits à un même principe. Paris 1746, S. 66. – Vgl. auch Diderot in der Salonkritik von 1765: «Voulez-vous que je vous dise une idée vraie, c'est que ces visages réguliers, nobles et grands font aussi mal dans une composition historique qu'un bel et grand arbre, bien arrondi, dont le tronc s'élève sans fléchir, dont l'écorce n'offre ni rides, ni crevasses, ni gerçures, et dont les branches, s'étendant également en tout sens, forment une vaste cime régulière, ferait mal dans un paysage. Cela est trop monotone, trop symétrique.» Vgl. Diderot: Salons. Hg. J. Seznec und J. Adhémar. Bd. II (1765), Oxford 1963, S. 69

130 Vgl. G. Ch. Lichtenberg: «... sind nicht die Geschichtsbücher und alle große Städte voll von schönen Lasterhaften? Freilich, wer schöne Spitzbuben, glatte Betrüger und reisende Waisenschinder sehen will, muß sie nicht gerade immer hinter den Hecken und in Dorf-Kerkern suchen. Er muß hingehen, wo sie aus Silber speisen, wo sie ... mit einem Achselzucken Familien unglücklich machen ...» G. Ch. Lichtenberg: Über Physiognomik wider die Physiognomen zu Beförderung der Menschenliebe und Menschenkenntnis. Göttingen 1778. In: Schriften und Briefe, Bd. 3, Darmstadt 1972, S. 271

131 J. C. Lavater: Physiognomische Fragmente zur Beförderung der Menschenkenntnis und der Menschenliebe. Leipzig–Winterthur 1775–78. Lichtenberg, a. a. O. (Anm. 130), S. 275, 293

132 Vgl. Diderot: «Je n'ai jamais entendu accuser une figure d'être mal dessinée, lorsqu'elle montrait bien, dans son organisation extérieure l'âge et l'habitude ou la facilité de remplir ses fonctions journalières. Ce sont ces fonctions qui déterminent et la grandeur entière de la figure, et la vraie proportion de chaque membre, et leur ensemble ... « In D. Diderot: Essais sur la peinture. Paris 1796. In: Œuvres esthétiques. Ed. P. Vernière. Paris 1968, S. 667

133 Vgl. Gassier, B 65 des Madrider Albums und *Capricho* Nr. 13. Die überlangen Nasen der Freßgesellen sind in der Radierung reduziert worden.

134 Vgl. E. Helman: Moratín hijo y Goya. In: Jovellanos y Goya. Madrid 1970, S. 160

135 Vgl. J. Held: Goyas Akademiekritik. In: Münchner Jahrbuch der bildenden Kunst, Bd. XVII, 1966, S. 214f.

136 E. Young: Conjectures on Original Composition. London 1759

137 In Nr. 41 der *Caprichos* sowie einigen Zeichnungen, die im Zusammenhang mit den *Caprichos* entstanden sind (vgl. Museo del Prado: Los Dibujos de Goya, Bd. II, Madrid 1954, Nr. 268–272), auf denen verschiedenen Personen ihr Spiegelbild in Gestalt eines Tieres entgegenblickt, hat Goya diese Aufgabe der Malerei thematisiert: das Wesen, den Charakter des Menschen darzustellen, und zwar deutlicher, als er sich in Wirklichkeit (auf der Erscheinungsebene der Realität) zu erkennen gibt. Goya bedient sich dabei der alten rhetorischen Form des Tiervergleichs.

138 F. de Quevedo y Villegas: Sueños y Discursos de verdades descubridoras de abusos, vicios y engaños en todos los oficios y estados del mundo. Zaragoza 1627

139 Vgl. Condesa de Yebes: La Condesa-Duquesa de Benavente ... Madrid 1955, S. 96ff.

140 Zu der «ut pictura poiesis»-These (die Malerei so wie die Dichtung), die seit der Renaissance von den Malern vertreten wurde, um ihrer Kunst denselben Rang zuzusprechen, der der Dichtung zuerkannt wurde, vgl. R. W. Lee: Ut pictura poesis. The Humanistic Theory of Painting. In: The Art Bulletin, 22, 1940, S. 197–269

141 H. Hohl: Giuseppe Maria Mitellis «Alfabeto in sogno» und Francisco de Goyas «Sueño de la razón». In: Museum und Kunst. Beiträge für Alfred Hentzen. Hamburg 1970, S. 109ff.

142 Als «pintor del rey» hatte Goya 15000 Reales verdient. Vgl. Sambricio, Doc. 193–195

143 M. Levey: Rococo to Revolution. New York 1966, S. 211ff. – F. Licht: Goya's Portrait of the Royal Family. In: Goya in Perspective. Englewood Cliffs 1973, S. 162ff.

144 Zur Identifizierung der einzelnen Personen vgl. F. J. Salas: Goya, la familia de Carlos IV. Barcelona 1944 sowie andere Werkausgaben. – Nur von drei Personen sind keine Studien vorhanden: der Prinzessin mit dem verlorenen Profil, Doña Carlota Joaquina (in Profil) und Don Carlos Luis, dem Baby der Doña María Luisa.

145 Gudiol, Bd. I, S. 111

146 So heißt es in einer zeitgenössischen Kritik von Davids «Schwur der Horatier», daß die Farbe ebenso «römischen» Charakter habe (d. h. klar und stark sei) wie seine heldenhaften Personen. Vgl. Observations sur le Sallon de 1785, S. 4f. Zitiert bei R. Rosenblum: Transformations in Late Eighteenth Century Art. Princeton 1970, S. 72

147 Diese Deutung des linken Bildes im Hintergrund, von Palm vorgeschlagen, scheint mir die wahrscheinlichste zu sein. Vgl. E. W. Palm: Ein Grazien-Gleichnis. Goyas Familie Karls IV. In: Pantheon, 34, 1976, H. 1, S. 38ff.

148 Vgl. Goyas Selbstbildnisse im *Porträt Floridablancas*, auf dem *Altarbild San Bernardino de Siena* und in dem nur in Kopie überlieferten *Bildnis der Familie des Infanten Don Luis* (vgl. Gassier/Wilson, Kat. Nr. 184, 203, 208). – Im Unterschied zu diesem Familienbild hatte Goya bei seinem früheren Gruppenbildnis des Infanten Don Luis – das übrigens auch der Konzeption eines Konversationsstückes nähersteht, was bei der Darstellung dieser Familie, die «zur Natur» zurückkehrte und sich damit de facto bürgerlichen Lebensformen annäherte, nicht fern lag – einen ganz einfachen funktionalen Zusammenhang zwischen der Familie und sich selbst hergestellt. In der Stellung, in der er sich an der Leinwand arbeitend darstellt, konnte er tatsächlich die Familie porträtieren.

149 Vgl. hierzu J. Held: Die Theorie der Landschaftsmalerei im frühen 17. Jahrhundert und ihre politische Bedeutung bei Collantes. In: Jahrbuch der Hamburger Kunstsammlungen, 21, 1976, S. 129ff., insbesondere S. 136ff.

150 I. Kant: Kritik der Urtheilskraft, § 14. In: Kant, Werke, Bd. 8, Darmstadt 1968, S. 305

151 R. de Piles: Dialogue sur le coloris. Paris 1673

152 D. Diderot: Essais sur la peinture. In: Diderot: Œuvres esthétiques. Ed. P. Vernière. Paris 1968, S. 674

153 Vgl. W. Hofmann: Turner und die Landschaft seiner Zeit. In: Ausstellungskatalog: William Turner und die Landschaft seiner Zeit. Hamburg (Kunsthalle) 1976, S. 29ff.

154 Vgl. etwa Turners und Runges Interesse an der Optik.
155 Daß die gegen Ende des 18. Jahrhunderts aufkommende Dunkelfarbigkeit als visuelles Äquivalent für subjektive (melancholische) Reflexion und Sublimität der Thematik wahrgenommen wurde, geht aus zahlreichen theoretischen Äußerungen hervor. Vgl. u. a. H. Fuseli: Aphorisms chiefly relative to the Fine Arts, Nr. 177: «The colours of sublimity are negative or generic ...» In J. Knowles: The Life and Writings of Henry Fuseli. London 1831, Bd. 3, S. 132 (verfaßt um 1788) und in deutscher Übersetzung: H. Füssli, Aphorismen zur Kunst. Hg. E. C. Mason. Basel 1944, S. 121. – Diderot: der Maler «... a son clair-obscur, dont la source et les règles sont au fond de son âme». In: Salon de 1767. Diderot: Salons. Hg. J. Seznec und J. Adhémar. Bd. 3, Oxford 1963, S. 257. – J. Ruskin: «Excellence of the highest kind, without obscurity cannot exist». In: Modern Painters. London 1843, Bd. IV, Part IV, Chapt. IV (Of Turnerian Mystery). Zitiert bei Hofmann, a. a. O. (Anm. 153), S. 33
156 Vgl. zu den theoretischen Auseinandersetzungen über diese neue Qualität der Malerei Hofmann, a. a. O. (Anm. 153), S. 34f.
157 Vgl. Gassier/Wilson, Kat. Nr. 743, 744. Beide Bilder werden im Inventar der Sammlung Godoys von 1808 genannt. Die Dargestellten werden hier als «gitanas» (Zigeunerinnen) bezeichnet. Vgl. J. Pérez de Guzmán: Las colecciones de cuadros del Principe de la Paz, Madrid. In: España Moderna, 12, Vol. 140, 1. 8. 1900, S. 95–126. – Nach Angabe von Goyas Sohn Javier handelt es sich um die Darstellung einer Venus. Vgl. Una biografía de Goya escrita por su hijo. In: Archivo Español de Arte, III, 1927, S. 100. – 1814 wurde Goya wegen dieser Bilder vor die Inquisition zitiert. Bei dieser Gelegenheit wurden sie bezeichnet als «una mujer desnuda sobre una cama» und «una mujer vestida de maja, sobre una cama» (eine unbekleidete Frau auf einem Bett und eine als Maja gekleidete Frau auf einem Bett). Der Ausgang dieses Verfahrens sowie Goyas Stellungnahme sind nicht überliefert.
158 Diese neue Vorliebe für klassizistische Schönlinigkeit, magische Beleuchtung und geheimnisvolles Dunkel, die Girodets Kunst sowie den Geschmack unter dem Diréctoire und in der napoleonischen Ära charakterisieren, hat Antal mit den konservativen, antirevolutionären Tendenzen dieser Zeit in Zusammenhang gebracht. Vgl. F. Antal: Reflections on Classicism and Romanticism. In: Classicism and Romanticism ... London 1966, S. 19ff.
159 Vgl. T. Harris: Engravings and Lithographs. Oxford 1964, Bd. 1, S. 139ff.; Bd. 2, S. 172ff. – Ausst. Kat. Boston, S. 125ff.
160 Vgl. zur Geschichte Spaniens in dieser Zeit u. a. H. Baumgarten: Geschichte Spaniens vom Ausbruch der Französischen Revolution bis auf unsere Tage. Leipzig 1865–1871 (3 Bde.). Eine neuere, kurze Zusammenfassung in L. Bergeron, F. Furet und R. Koselleck: Das Zeitalter der europäischen Revolution 1780–1848 (Fischer Weltgeschichte Bd. 26). Frankfurt 1969, S. 163ff.
161 K. Marx: Das revolutionäre Spanien. In: New York Daily Tribune, Sept. – Dez. 1854. In: MEW (= Marx-Engels-Werke), Bd. 10, Berlin 1962, S. 431ff.
162 Gassier/Wilson, Kat. Nr. 875
163 Gassier/Wilson, Kat. Nr. 882, 883, 874. – Vgl. zu der mehrmaligen politischen Umfunktionierung dieses Bildes F. Pérez González: Un cuadro ... de historia. Alegoria de la Villa de Madrid, por Goya ... Madrid 1910

164 Zu Goyas Haltung während des napoleonischen Krieges vgl. J. Held: Francisco de Goya, Die Gemälde. In: Zeitschrift für Kunstgeschichte, 1965, S. 238f. und die dort angeführte Literatur. – Dokumente zu den politischen Vorgängen, die Goya mit betrafen, im Archiv der Academia de San Fernando, leg. 4

165 Gazeta de Madrid vom 11. 10. 1808, S. 1285f. – Vgl. Ausst. Kat. Boston, S. 126

166 Vgl. Goyas Brief an José Munárriz, Sekretär der Academia de San Fernando, abgedruckt im Ausst. Kat. Boston, S. 126

167 Vgl. einen weiteren Brief an Munárriz, abgedruckt im Ausst. Kat. Boston, S. 127

168 Zu Voltaire und zu den Enzyklopädisten vgl. U. Knoke: Der Klassencharakter von Literatur: Voltaires Candide als Spiegel und Werkzeug großbürgerlicher Reformbestrebungen gegen Ende des Ancien Régime (im Druck).

169 Zeitgenössische Berichte über die Belagerung Zaragozas: Ch. R. Vaugham: Narrative of the Siege of Zaragoza. London 1809. – A. Alcaide Ibieca: Historia de los dos Sitios que pusieron á Zaragoza. Madrid 1830. Zu der Person der Agustina vgl. Ausst. Kat. Boston, S. 133ff.

170 Voltaire: Candide ou l'optimisme. Paris 1759. – Encyclopédie ou dictionnaire raisonné des sciences, des arts et des métiers, par une société de gens de lettres. Paris 1751–1780. – Die deutsche Übersetzung nach M. Naumann (Hg.): Artikel aus der von Diderot und D'Alembert herausgegebenen Enzyklopädie. Frankfurt 1972, S. 650ff.

171 Die Darstellung von Galvez, «Bateria del Portillo», ist eine Aquatintagraphik aus der Folge «Ruinas de Zaragoza», die 1812 in Cádiz erschien. – Weitere populäre Darstellungen der Heldin von Zaragoza abgebildet in C. Derozier: La Guerre d'Indépendance espagnole à travers l'estampe (1808–1814). Lille und Paris 1976, Bd. 3, Abb. S. 96f.

172 Zu Callots Folgen «Misères de la Guerre», 1632/33, vgl. E. Meaume: Jacques Callot. Paris–Nancy 1860. – A. Dohmann: Jacques Callot. Radierungen. Dresden 1960

173 Vgl. Sambricio, Doc. 225

174 E. Wind: The Revolution of History Painting. In: Journal of the Warburg and Courtauld Institutes, 2, 1938/39, S. 116ff.

175 Zu Davids Marat vgl. R. Rosenblum: Transformations in Late Eighteenth Century Art. Princeton 1970, S. 82ff.

176 Vgl. Robespierres Rede am 8. Juni 1794 zum «Fest des Höchsten Wesens». In deutscher Übersetzung teilweise abgedruckt in K. Scheinfuß: Von Brutus bis Marat. Kunst im Nationalkonvent 1789–1795. Dresden 1973, S. 93f.

177 Diese Rede vor dem Nationalkonvent vom 29. März 1793 ist in deutscher Übersetzung abgedruckt in: K. Scheinfuß, a. a. O. (Anm. 176), S. 58f.

178 R. Rosenblum: Transformations in Late Eighteenth Century Art. Princeton 1970, S. 83

179 Vgl. Zu Delacroix' «Liberté» W. Friedlaender: David to Delacroix. New York 1952. Zitiert nach der Ausgabe New York 1968, S. 113f.

180 Die Zeichnung befindet sich im sog. Album C von Goya. Vgl. Gassier, S. 337 (C 115)

181 Vgl. die Darstellungen in den *Desastres*, Nr. 69, 79 sowie unter anderem die Zeichnung des Album C, Gassier, S. 340 (C 118)

182 Beide Darstellungen hat Klingender aufeinander bezogen. Vgl. F. D. Klingender: Goya in the Democratic Tradition. London 1968 (erste Auflage 1948), S. 187

183 Vgl. Museo del Prado, Catálogo de las Pinturas. Madrid 1963, Nr. 748, 749

184 Vgl. zu diesen Werken von David R. Rosenblum: Transformations in Late Eighteenth Century Art. Princeton 1970, S. 80f., 94f.

185 Daten zu diesem Bild von Vincent bei R. Rosenblum: Transformations in Late Eighteenth Century Art. Princeton 1970, S. 93f

186 Zur Auseinandersetzung mit dieser Theorie vgl. K. Marx: Theorien über den Mehrwert. In: MEW (= Marx-Engels-Werke), Bd. 26, 1, Berlin 1973, S. 14ff., insbesondere S. 21

187 Vgl. die Veränderungen, die Goya bei den Drucken Nr. 1, 3, 12, 16–19, 23, 27, 29 gegenüber seinen Vorzeichnungen zu diesen Blättern vorgenommen hat. Die entsprechenden Vorzeichnungen abgebildet in: F. J. Sánchez-Cantón: Los dibujos de Goya. Bd. 1, Madrid (Museo del Prado) 1954, Abb. 152, 153, 164, 168–172, 176, 180, 181

188 Auch hier sind die zugespitzten Kompositionen erst Ergebnis des künstlerischen Arbeitsprozesses. In den Vorzeichnungen zu diesen Blättern sind die Zuschauer häufig noch in gleichmäßiger Reihung hinter den Barrieren angedeutet, während Goya erst bei den Drucken ihre asymmetrische Anordnung und zugleich Reduktion vornahm. Vgl. die Vorzeichnungen zu Nr. 13, 20–22, 26 in: Sánchez-Cantón, a. a. O. (Anm. 187), Abb. 165, 173–175, 179

189 Die Tendenz zur Asymmetrie wird durch weitere Mittel der Kontrastbildungen ergänzt, die Goya ebenfalls schrittweise erarbeitet. So hat er in Nr. 10 die parallele Stellung von Pferd und Stier in der Vorzeichnung durch eine Anordnung überkreuz ersetzt. Bei Nr. 9 hat er das gestürzte Pferd zu Seiten des Stierkämpfers, dem es inhaltlich zugeordnet ist, auf die des Stieres verlagert, so daß die Isolierung des Einzelkämpfers verschärft wird.

190 Vgl. z. B. die meisterhafte Federzeichnung des Prado (a. a. O. [Anm. 187], Abb. 453), die zwischen zwei riesigen Elefanten deren Dompteur zeigt. Sie dürfte zwischen 1815 und 1823 ausgeführt worden sein, als Studie zu einem Blatt der *Disparates* (*Disparate de bestia*).

191 Vgl. J. G. Sulzer: Allgemeine Theorie der schönen Künste. Leipzig 1771–74 (4 Bde). Zitiert nach der Ausgabe Hildesheim 1967, Bd. 3, S. 361f.; Bd. 4, S. 477f. – Ch. C. L. Hirschfeld: Theorie der Gartenkunst. Leipzig 1779–85 (5 Bde). Zitiert nach der Ausgabe Hildesheim 1973, Bd. 1, S. 138ff.

192 Sulzer, a. a. O. (Anm. 191), Bd. 3, S. 361; Bd. 4, S. 478

193 Sulzer, a. a. O. (Anm. 191), Bd. 3, S. 362: «Würde man z. B. nicht schließen können, daß die Nation, bey der gewisse Werke der Kunst durchaus immer einerley Form haben ... und nach einer Regel ausgeführt wären ... daß dieser Nation das Genie ... noch fehlet?»

194 Abbildungen finden sich z. B. in: Ausst. Kat. Boston, S. 199, 210, 216 und Ausstellungskatalog Francisco Goya, Radierungen. Göttingen 1976, S. 94f.

195 Die Annonce erschien am 16. 10. 1816 im «Diario de Madrid» und am 31. 12. 1816 in der «Gaceta de Madrid». Der spanische Text dieser letzteren Anzeige, der hier übersetzt wurde, ist abgedruckt bei T. Harris: Engravings and Lithographs. Oxford 1964, Bd. 2, S. 449. – Einige der Kompositionen, die zu den frühesten zählen, sind 1815 datiert. Goya wird also die Serie ähnlich wie die der *Caprichos* in sehr schneller Folge 1815/16 ausgeführt haben.

196 N. Fernández de Moratín: Carta histórica sobre el origen y progresos de las fiestas de toros en España. Madrid 1777, S. a2 v. – a3 r.

197 J. M. de Cossío: Los toros. Vol. 4, Madrid 1961, S. 763f. insbesondere S. 842f. – Vgl. die Angriffe gegen den Stierkampf in: Jovellanos: Pan y toros. Oración apologética en defensa del estado floreciente de la España, dicha en la plaza de toros por D. N. el año 1794. Méjico 1820

198 Vgl. «Pepe Hillo»: Tauromaquia, o arte de torear á caballo y á pie. Madrid 1804, u. a. S. 12

199 Vgl. z. B. Condesa de Yebes: La Condesa-Duquesa de Benavente ... Madrid 1955, S. 90ff.

200 Vgl. Derozier, a. a. O. (Anm. 171), Bd. 2, S. 630ff.; Bd. 3, Abb. 197. – Bezeichnend ist, daß die spanische Graphik nicht der umgekehrten Identifikation folgt, die der englische Karikaturist Gillray vornimmt, der den Stierkämpfer als Napoleon, den Stier als das spanische Volk bezeichnet (Derozier, Bd. 2, S. 702; Bd. 3, Abb. 223).

201 Vgl. u. a. Condesa de Yebes: La Condesa-Duquesa de Benavente ... Madrid 1955, S. 92. – Die Stierkampffeste, zur Regierungszeit Godoys 1805 noch einmal abgeschafft, waren nach dem napoleonischen Krieg von der Reaktion wieder belebt worden. Bereits Godoy sah in diesen Stierkämpfen einen Ersatz für die politischen Rechte und Freiheiten, die dem spanischen Volk vorenthalten blieben. Vgl. Principe de la Paz: Memorias. Bd. 2, Madrid 1956 (Biblioteca de Autores Españoles, Bd. 89), S. 69. – Die von oben kompensierend eingesetzten Spiele werden nach Goyas Interpretation jedoch vom Volk positiv aufgegriffen und zu einem Symbol des eigenen Kampfes umgedeutet.

202 Vgl. P. Kluckhohn: Das Ideengut der deutschen Romantik. Tübingen 1966, S. 101ff.

203 So nennt Goya die Folge in seiner Annonce vom 28. 10. 1816 im «Diario de Madrid»: «33 Drucke, die verschiedene Gänge und Handlungen der Kunst, mit Stieren zu kämpfen, darstellen ...» Ebenso spricht Moratín bereits von der Kunst des Stierkampfs.

204 Der Tod Pepe Hillos fand in der populären Graphik und Dichtung ein weites Echo. Vgl. Cossío, a. a. O. (Anm. 197), Bd. 4, S. 870ff.; Ausst. Kat. Boston, S. 244; Ausstellungskatalog Francisco Goya, Radierungen. Göttingen 1976, S. 103

205 Vgl. Ausst. Kat. Boston, S. 200, 248f. – Das Titelblatt des von Goya Ceán Bermúdez überreichten Exemplars hieß: *Estampas que representan diferentes suertes y actitudes del arte de lidiar los toros y una el modo de poder volar los hombres con alas*. Übersetzung des Schlusses: *und ein* (Druck) *die Art und Weise, wie Menschen mit Flügeln fliegen können*.

206 Diese Verbindung zwischen seiner Stierkampffolge und der Darstellung menschlichen Fluges gab Goya bei der Veröffentlichung allerdings auf, d. h. er ließ das 34. Blatt fort. Damit wurde die politische Dimension seiner Serie verkürzt. Notwendig gewann der politische Pessimismus Goyas an Gewicht, als er die Serie mit dem Blatt Nr. 33 abschloß. – Fälschlich wird in den meisten Œuvrekatalogen das Blatt *Modo de volar* der Serie der *Disparates* zugeordnet, so auch bei T. Harris: Engravings and Lithographs. Oxford 1964, Bd. 2, S. 395

207 Diese alte Symbolik wird in der Präromantik und Romantik aufgegriffen und

z. B. auf die Einbildungskraft des Genies angewandt. Vgl. u. a. E. Young: Conjectures on Original Composition. London 1759. Übersetzt von H. E. v. Teubern. Bonn 1910, S. 10. – Gleichzeitig wird ein Anklang an den Ikarus-Mythos gegeben, der alten Metapher für den Künstler (vgl. M. Z. Shroder: Icarus. The Image of the Artist in French Romanticism. Cambridge/Mass. 1961). Bezeichnend ist wiederum, daß Goya nicht einen «Ikarus», sondern viele darstellt und damit weniger das Sonderschicksal des Künstlers als das der «ganzen Menschheit» angesprochen wird.

208 Ausst. Kat. Boston, Abb. auf S. 248

209 Vgl. T. Harris: Engravings and Lithographs. Oxford 1964, Bd. 1, S. 213ff.; Bd. 2, S. 418ff.

210 Zu den *pinturas negras* vgl. Gassier/Wilson, S. 313ff. – F. J. Sánchez-Cantón: Goya y sus pinturas negras en la Quinta del Sordo. Con un apéndice de X. de Salas. Milano–Barcelona 1963

211 F. J. Sánchez-Cantón: Goya refugiado. In: Goya, 3, 1954, S. 130ff.

212 M. Núñez de Arenas: Manojo de noticias – La suerte de Goya en Francia. In: Bulletin Hispanique, 3, 1950, S. 230, 261 ff.

213 Sambricio, Doc. 251 ff.

214 Gassier, S. 499ff.

215 Gudiol, Bd. I, S. 216

216 Gudiol, Bd. I, S. 216

217 Gudiol, Bd. I, S. 219

218 Gudiol, Bd. I, S. 220

219 Madrid, Prado, Inv. Nr. 864

220 Gudiol, Bd. I, S. 220

221 Die letzten Briefzitate wie die vorherigen finden sich auf spanisch bei Gudiol, Bd. I, S. 222ff.

222 Vgl. Gassier/Wilson, Kat. Nr. 1662 (Galos); 1664 (Mariano Goya); 1663 (Muguiro).

223 Gassier/Wilson, Kat. Nr. 1629

224 Ganz im Unterschied etwa zu der Sterbeszene des Bildes zu Ehren des heiligen Francisco de Borja, Valencia, das Goya in den achtziger Jahren gemalt hatte (Gassier/Wilson, Kat. Nr. 243).

225 Gassier/Wilson, Kat. Nr. 1638

226 Gassier, S. 551 (G 54)

227 Gassier, S. 626 (H 58)

228 Gassier, S. 523–527, 529, 530 (G24–G 26, G 28, G 29, G 31, G 32)

229 Gassier, S. 548 (G 50)

230 Gassier, S. 556 (G 60)

231 Gassier/Wilson, Kat. Nr. 330, 968

232 Vgl. insbesondere Gassier, S. 538 (G 40)

233 Vgl. Gassier, S. 532 (G 34) und S. 531 (G 33?)

234 Gassier, S. 539 (G 41)

235 Vgl. Gassier, S. 308–336 (Skizzenbuch C)

236 Vgl. Gassier, S. 336 (C 114) und S. 337 (C 115)

237 Bezeichnenderweise stellt Goya in diesen späten Jahren nicht die «Befreiung» der Irren dar, die die Französische Revolution inzwischen zumindest proklamiert hatte. Daß die Irren allmählich Patientenstatus erhielten, ihre Krankheit wissenschaftlicher Beobachtung zugänglich wurde, hatte die Be-

freiung von ihren Ketten, die Abschaffung ihrer Absonderung zur Voraussetzung. Sie wurden damit prinzipiell in die bürgerliche Gesellschaft integriert, galten nicht mehr als gefährliche, potente Widerspieler der Vernunft (vgl. K. Dörner: Bürger und Irre. Frankfurt 1975, u. a. S. 138ff. 155f., 172). – Zwar zeigt auch Goya sie ohne – jedenfalls ohne deutlich sichtbare – Ketten. Die meist auf den Rücken gelegten Arme seiner Irren müssen nicht ihre Ankettung, sondern können auch ihre Willenlosigkeit und Untätigkeit symbolisieren. Goya hebt damit ihre Ohnmacht und Resignation hervor. Aber er zeigt nicht im Sinne der sich in der bürgerlichen Gesellschaft etablierenden Aufklärung ihre prinzipielle Heilbarkeit und potentielle ökonomische Nutzbarmachung. Zwar stellt Goya sie als Menschen dar, aber in ihrer Deformiertheit und ihrer Untätigkeit erscheinen sie doch als Negation der bürgerlichen Vernunft und Ordnung. Im Wahnsinn wie im Alter sieht Goya noch die hilflos und schwach gewordenen Widerstände der untersten Volksschichten gegen ihre Integration in die bürgerliche Gesellschaft und das hieß, gegen ihre verschärfte Ausbeutbarkeit.

238 Vgl. M. Foucault: Histoire de la Folie. Paris 1961. Zitiert nach der deutschen Ausgabe: Wahnsinn und Gesellschaft. Frankfurt 1977, S. 358ff.

239 Foucault, a. a. O. (Anm. 238), S. 361

240 Vgl. die frühen religiösen Bilder, etwa S. Francisco de Borja und der Sterbende (Gassier/Wilson, Kat. Nr. 243), aber auch noch einen Teil der *Caprichos*.

241 Nicht zufällig hat Goya die Guillotine dargestellt; vgl. Gassier, S. 546 (G 48). Er bezeichnet das Blatt als «Castigo frances» (französische Strafe), ist sich also der im Vergleich zu Spanien unterschiedlichen gesellschaftlichen Form der Liquidierung des Individuums bewußt.

242 Vgl. W. Dilthey: Die Biographie (Fragmente aus dem Nachlaß). In: Der Aufbau der geschichtlichen Welt in den Geisteswissenschaften. Frankfurt 1970, S. 304

243 Vgl. hierzu z. B. A. Grunenberg/B. Voigt: Das merkwürdige Interesse an Biographien. In: Berliner Hefte, 5, Oktober 1977, S. 28f.

244 Vgl. insbesonders L. Sève: Marxismus und Theorie der Persönlichkeit. Frankfurt 1973

245 Vgl. in jüngster Zeit: M. Warnke: Peter Paul Rubens, Leben und Werk. Köln 1977, S. 7f. – In Warnkes Kritik fehlt m. E. jedoch auf der anderen Seite eine deutliche Abgrenzung gegen den Formalismus, der das Kunstwerk als quasi autonome Organisationsform begreift.

246 Vgl. die programmatische Schrift von H. Wölfflin: Kunstgeschichtliche Grundbegriffe. München 1915

247 Vgl. Goyas Brief an seinen Freund Zapater vom 2. 7. 1788; Zapater, S. 46

248 Selbst in Bordeaux ist Goya zu einer Wiederholung seiner *Caprichos*, deren Verkauf sicher gewesen wäre, nicht bereit, da ihn neue Bilder mehr beschäftigten. Vgl. seinen Brief an Joaquín Ferrer vom 30. 12. 1825. Abgedruckt bei Gudiol, Bd. I, S. 219. Vgl. auch S. 128f. in dieser Monographie.

249 Vgl. Goyas Brief an Zapater vom 20. 2. 1790; Zapater, S. 50f.

Zeittafel

1746	Am 30. März wird Francisco Goya in Fuendetodos, Aragón, geboren. Seine Eltern: José Goya und Engracia Lucientes. Goya wächst in Zaragoza auf, wo er seine erste Ausbildung bei dem Maler José Luzán erhält.
1763	Erste Reise nach Madrid. Teilnahme an einem Wettbewerb der Academia de San Fernando, ohne einen Preis zu gewinnen.
1766	Zweite Reise nach Madrid. Teilnahme an einem Wettbewerb der Academia de San Fernando, wiederum ohne Erfolg.
1770	Reise nach Italien, Aufenthalt in Rom.
1771	Teilnahme an einem Wettbewerb der Akademie in Parma. Goya gewinnt den zweiten Preis. Rückkehr nach Zaragoza. Erste Fresken in der Kirche El Pilar in Zaragoza, für die er im Januar 1772 die Entwürfe vorlegt.
1773	Heirat mit Josefa Bayeu, Schwester des Malers Francisco Bayeu.
1774	Wandgemälde für die Kartause Aula Dei bei Zaragoza. Übersiedlung nach Madrid. Er lebt im Hause seines Schwagers Francisco Bayeu, Calle del Reloj Nr. 7–9.
1775	Erste Teppichkartons für die Königliche Manufaktur in Madrid.
1777	Goya lebt in der Carrera de San Jerónimo Nr. 66 im zweiten Stock. Das Haus gehört der Marquesa de Campollano.
1778	Veröffentlichung der Radierungen nach Bildern von Velázquez.
1780	Mitglied der Academia de San Fernando («Académico de mérito»). Sein Aufnahmestück ist das Gemälde eines Kruzifixus (Madrid, Prado Inv. Nr. 745).
1781	Zweite Fresken in der Kirche El Pilar in Zaragoza.
1782	Goya lebt in der Calle del Desengaño Nr. 1 (wohl seit 1779), in einem eigenen Haus.
1783	Aufenthalt auf dem Landsitz des Infanten Don Luis in Arenas, um Porträts der Familie des Infanten zu malen.
1784	Geburt seines Sohnes Francisco Javier.
1785	Ernennung zum stellvertretenden Direktor für Malerei («Teniente director de pintura») an der Academia de San Fernando. Porträts für die Banco de San Carlos in Madrid.
1786	Ernennung zum Maler des Königs («Pintor del Rey»).
1787–1788	Altarbilder für Santa Ana in Valladolid und für die Kapelle des heiligen Francisco de Borja in der Kathedrale in Valencia. Kabinettbilder für die Herzöge von Osuna.
1789	Ernennung zum Hofmaler («Pintor de cámara»). Porträts der Thron-

folger Carlos IV. und María Luisa.

1792 Schwere Krankheit während seines Aufenthalts in Andalusien, nach der er taub wird.

1795 Wahl zum Direktor der Malerei («Director de pintura») an der Academia de San Fernando.

1796 Zweite Reise nach Andalusien. Aufenthalt in Sevilla, Cádiz und Sanlúcar.

1797 Wegen seines schlechten Gesundheitszustands und seiner Taubheit bittet Goya um Annahme seines Rücktritts von seinem Amt als Direktor für Malerei, das mit Lehrverpflichtungen verbunden ist. Er wird daraufhin zum Ehrenmitglied der Akademie («Director honorario») ernannt.

1798 Fresken in der Madrider Kirche San Antonio de la Florida. Kabinettbilder (Hexenszenen) für die Herzogin von Osuna.

1799 Veröffentlichung der Radierungen *Los Caprichos*. Ernennung zum ersten Hofmaler («Primer pintor de cámara»).

1800 Porträt der Familie Carlos' IV. Goya verkauft sein Haus in der Calle del Desengaño an Godoy und kauft das Haus in der Calle de Valverde Nr. 15.

1803 Goya kauft das Haus Calle de los Reyes Nr. 7, das er 1806 seinem Sohn Javier überläßt.

1805 Goyas Sohn Javier heiratet Gumersinda Goicoechea.

1806 Geburt des Enkels Mariano Goya.

1808 Reiterbildnis des Thronerben Fernando VII. Reise nach Zaragoza, auf Einladung von Palafox, dem Verteidiger der Stadt gegen die Franzosen, um die Ruinen zu zeichnen.

1810 Arbeit an den Radierungen *Desastres de la Guerra*. Allegorisches Gemälde als Hommage an den französischen König Joseph im Auftrag der Stadt Madrid.

1811 Verleihung eines Ordens durch König Joseph.

1812 Goyas Frau, Josefa Bayeu, stirbt. Inventar des gemeinsamen Besitzes.

1814 Ausführung der beiden Gemälde *2. Mai 1808* und *3. Mai 1808* mit finanzieller Unterstützung der Regierung.

1814–1815 Goya wird von der Inquisition aufgefordert, Erklärungen zu seinen beiden Gemälden der nackten und bekleideten Maja (Madrid, Prado Inv. Nr. 741, 742) abzugeben, die zu dem beschlagnahmten Besitz Godoys gehörten. – Goya muß sich wie alle Mitglieder der Akademie für seine Haltung während der französischen Herrschaft rechtfertigen. Er wird als Hofmaler wieder eingesetzt.

1816 Veröffentlichung der Radierungen *La Tauromaquia*.

1817 Altarbild *Die heiligen Rufina und Justa* für die Kathedrale in Sevilla.

1819 Kauf eines Landhauses nahe dem Manzanares («Quinta del sordo»). Die Wände der beiden Haupträume malt Goya bis 1823 aus (*Pinturas negras*). – Altarbild *Die letzte Kommunion des heiligen Joseph von Calasanz* für die Kirche San Anton in Madrid. – Schwere Krankheit.

1823 Goya vermacht sein Landhaus seinem Enkel Mariano.

1824 Zwischen Februar und April hält sich Goya bei seinem Freund Duasoy Latre versteckt, um den politischen Verfolgungen zu entgehen. Im Mai bittet er um die Erlaubnis, nach Frankreich reisen zu dürfen, um eine Badekur in Plombières durchzuführen, die ihm gewährt wird. Im Juni reist Goya nach Frankreich, hält sich drei Tage in Bordeaux auf und reist nach Paris weiter, wo er sich bis zum August aufhält. Danach wird er mit Leocadia Weiß und ihren beiden Kindern in Bordeaux ansässig.

1825 Veröffentlichung der vier Lithographien mit Stierkampfszenen in Bordeaux.

1826 Im Mai Reise nach Madrid, um seine Pensionierung zu erwirken, die ihm im Juni bei Weiterzahlung seines Gehalts genehmigt wird.

1827 Im Sommer Reise nach Madrid.

1828 Am 16. April Tod in Bordeaux. Der Maler Antonio Brugada stellt ein Inventar seines Besitzes auf, der in der «Quinta del sordo» in Madrid geblieben ist.

Zeugnisse

Juan Agustín Ceán Bermúdez: *«Análisis de un cuadro que pintó D. Francisco Goya para la Catedral de Sevilla». In: «Crónica científica y literaria», Nr. 73, 9. Dezember 1817*

Der Philosoph und Maler Girodet sagt in seinen «Betrachtungen über Originalität in der Kunst des Zeichnens», die auszugsweise in dieser Zeitschrift am Freitag, den 6. Juni dieses Jahres publiziert worden sind, daß das Schaffen neuer Ideen und das Aufgreifen von Ideen, die bereits allgemein anerkannt sind, aber auf erfindungsreiche und unerwartete, ungewöhnliche Weise verwendet werden, die wesentliche Voraussetzung der Originalität sind. Wenn wir dem den fruchtbaren, schöpferischen Geist Goyas hinzufügen, seine angeborene und unerschütterliche Berufung für eine Kunst, in der er keinen anderen Führer als die Natur hatte, sein Talent, die Schönheiten der Natur zu offenbaren, seine vollkommene Beherrschung des Pinsels, die Harmonie und Klarheit seiner Farbgebung und seinen kühnen und außergewöhnlichen Stil, wird ihm dies nicht das Recht auf den ruhmreichen Titel eines originellen Malers geben? Alle Spanier und Ausländer haben ihm diesen Titel für die Behandlung des Lächerlichen und der Karikatur in seinen Caprichos zuerkannt, und sogar für seine Art, sie zu zeichnen und zu radieren. Aber wird nicht das Gemälde der heiligen Justa und Rufina ihn berühmt machen für die Originalität, mit der er den heroischen und erhabenen Gegenstand unserer Religion behandelt?

Das Kapitel der Kathedrale von Sevilla kann mit diesem Werk zum Teil den Verlust der bewundernswerten Bilder ausgleichen, die während der französischen Invasion gestohlen worden sind. Es kann Werken von Pedro Campaña, Vargas, Roelas, Cano, Zurbarán, Murillo und anderen führenden andalusischen Künstlern an die Seite gestellt werden, die zu dem großen Wert der Ausstattung dieser herrlichen Kirche soviel beigetragen haben.

«Schorn's Kunstblatt», Nr. 79, 4. Oktober 1842

Goya ist eines jener spanischen Originale, welche unter der akademischen Zucht nur verdorben worden wären. Wäre er als Pensionierter des Königs nach Rom gereist und zur Copierung der Maler Conca, Trebisani

... angehalten worden, so hätte er es vielleicht in jener matten, manierirten Malerei, von welcher damals nur Mengs und der Römer Cades eine Ausnahme machten, weit gebracht, aber wir hätten keinen Goya und keine seiner Capricen gehabt ...

In ... seiner ersten Manier vermißt man zwar einen strengen Zeichnungsstyl, aber der natürliche Ausdruck und eine kräftige Beleuchtung, mit welcher er späterhin sparsamer umging, ersetzen diese Fehler ...

Seine zweite Manier zeichnet sich vorzüglich durch die Luft zwischen den Figuren, durch die Wirkung des Helldunkels, ein wahres und durchsichtiges Colorit und eine gewisse ihm eigenthümliche Harmonie aus ...

Die beleuchteten Theile malte er mit starker Farbenauftragung, ohne sie viel zu bearbeiten, und zuweilen bloß mit der biegsamen Spitze des Farbenmessers; aber diese dem Anscheine nach so leichten Stöße waren wohl überlegt und von einer geübten Hand ausgeführt; in vielen seiner Gemälde vollendete er die hellen Theile bei künstlichem Lichte.

Goya war der spanische Hogarth, den er in der Geschicklichkeit übertraf, mit zwei Pinselstrichen ein Individuum so zu charakterisieren, daß es keine Unterschrift bedurfte, um zu wissen, wem es galt.

Charles Baudelaire: *«Quelques caricaturistes étrangers». In: «Le Présent», 15. Oktober 1857 und in: «L'Artiste», 26. September 1858. Später aufgenommen in: «Curiosités Esthétiques». Übersetzt nach: «Œuvres Complètes». Paris 1954. S. 752ff.*

Ich will nur einige Worte über das sehr seltsame Element, das Goya in das Komische eingeführt hat, hinzufügen: ich will vom Phantastischen sprechen. Goya ist, genaugenommen, kein spezieller, einzelner Fall, weder absolut komisch noch bedeutungsvoll komisch nach Art der Franzosen. Zweifellos stürzt er sich oft in das wild Komische und erhebt sich bis zum absolut Komischen. Jedoch ist der generelle Aspekt, unter dem er die Dinge sieht, vor allem das Phantastische, oder vielmehr ist der Blick, den er auf die Gegenstände heftet, ein auf natürliche Weise phantastischer Übersetzer. Die Caprichos sind ein wunderbares Werk, nicht nur wegen der Originalität der Konzeptionen, sondern auch wegen der Ausführung. Ich denke mir vor den Caprichos einen Menschen, einen Neugierigen, einen Amateur, der keine Ahnung von den historischen Tatsachen hat, auf die mehrere dieser Blätter anspielen ... er wird dennoch auf dem Grunde seines Hirns eine lebhafte Erschütterung erfahren, auf Grund der originellen Manier, des Reichtums und der Sicherheit der Mittel des Künstlers und auch der phantastischen Atmosphäre, die alle Motive umgibt. Es findet sich in den Werken, die einer tiefen Individualität entspringen, etwas, was jenen periodischen oder chronischen Träumen gleicht, die regelmäßig unsern Schlaf belagern ...

Goya ist immer ein großer Künstler, häufig erschreckend. Er verbindet mit dem Übermut, der Jovialität der spanischen Satire aus der guten alten Zeit des Cervantes einen viel moderneren Geist ... die Liebe zum Unfaßbaren, das Gefühl für heftige Kontraste, die Schrecken der menschlichen Natur und Physiognomien, die durch die Umstände seltsam bestialisiert wurden. Es ist erstaunlich, festzustellen, daß dieser Geist, der nach der großen satirischen und umstürzlerischen Bewegung des 18. Jahrhunderts kam, und dem Voltaire allein schon für die Idee ... seiner Mönchskarikaturen Dank gewußt hätte ... es ist seltsam ... daß dieser Hasser der Mönche soviel von Hexen, Sabbat, Teufeleien ... geträumt hat.

... Das große Verdienst Goyas besteht darin, das wahrscheinliche Monströse geschaffen zu haben. Seine Monster sind lebensfähig und harmonisch geboren. Niemand hat in der Richtung des möglichen Absurden mehr als er gewagt. All diese Verzerrungen, diese tierischen Gesichter, diese teuflischen Grimassen sind von Menschlichkeit durchdrungen. Selbst unter dem speziellen Gesichtspunkt der Naturgeschichte wäre es schwierig, sie zu verdammen, soviel Analogie und Harmonie ist in allen Teilen ihres Wesens. Mit einem Wort, es ist unmöglich, die Nahtstelle, das Verbindungsstück zwischen dem Wirklichen und dem Phantastischen zu fassen; es ist eine undeutliche Grenze, die selbst der subtilste Analytiker nicht ziehen könnte, so sehr ist die Kunst zugleich transzendent und natürlich.

Paul Klee: *«Tagebücher», Nr. 645/49 (1905). Ausgabe Köln 1957. S. 192*
Velázquez, mit Stolz und wichtigem Elan hingesetzte Figuren. Goya liebe ich viel mehr. Entzückende Klänge von Grau zu Schwarz, dazwischen Fleischnoten wie zarte Rosen. Intimere Formate.

Diego Rivera: *«The Revolution in Painting». In: «Creative Art». New York, Januar 1929, S. XXIX*
Man kann Epoche um Epoche analysieren, von der Steinzeit bis auf unsere Tage und wird finden, daß es keine Form der Kunst gibt, die nicht auch eine wesentliche politische Rolle spielt. Daher hat ein Volk, wenn es rebellierte, um seine fundamentalen Rechte zu finden, auch immer revolutionäre Künstler hervorgebracht: Giotto und seine Schüler, Grünewald, Bosch, Breughel, Michelangelo, Rembrandt, Tintoretto, Callot, Chardin, Goya, Courbet, Daumier, der mexikanische Graphiker Posadas und zahlreiche andere Meister. Was ist es nun, was wir wirklich benötigen? Eine Kunst, die äußerst rein, präzise, tief menschlich ist und die klar ihren Zielen folgt.

Ilja Ehrenburg: *«Spanien heute». Berlin 1932. S. 195f.*
Auch wenn man sich nicht im geringsten für Kunst interessiert, wenn man nach Spanien kommt, um Apfelsinen einzukaufen oder die Agrarfrage zu studieren, als Börsenjobber oder Agitator – an Goya kann man

nicht vorbeigehen: er ist der beste Führer durch das Land. So brechen sofort die verlogenen Phrasen vom «Maler der Alpträume» in sich zusammen. Goya ist kein Dekadent, sondern ein Ästhet, kein einsamer Phantast, Goya ist ein Künstler, den man mit vollem Recht einen «sozialen» nennen kann. In seinem bekannten Gemälde, das eine Erschießung darstellt, hat er gezeigt, was das Pathos des Nichtpathetischen ist. Seine Porträts der königlichen Familie sind alles andere als Karikaturen: sie sind nur eine sehr kühne Entblößung der auf jegliche Weise drapierten Modelle. In einer Epoche, da die Kunst nur eines konnte: verhüllen; da die Bestimmung der Farbe oder des Reims war, die Welt vor der allzu harten Wirklichkeit zu schirmen, ging Goya noch weiter als das menschliche Auge: er zeigte das Wesen des Gegenstandes oder der Gefühle selbst, er war ein echter Realist. Wahrscheinlich ist es darum üblich, zu sagen, er sei mit einer «verderbten Phantasie» begabt gewesen und habe in einer «eingebildeten Welt» gelebt. Alle «Alpträume» Goyas laufen in Spanien auf der Straße herum: das sind Marquis und Bettler, das ist Hoffart und Leid, das ist der General Sanjurjo inmitten verängstigter Landarbeiter der Estremadura.

Ernst Bloch: *«Das Problem des Expressionismus nochmals» (1940). In: «Erbschaft dieser Zeit». Frankfurt a. M. 1962. S. 277*
Bereits die Welt Goyas, wie gar die «Guernica»-Welt Picassos haben auf zerrissene Erlebnisweisen durchaus nicht erst gewartet, um voller Hohlräume, Folterkammern, Spannungsfiguren zu sein. Unabhängig von bloßen Subjektivismen ist die Wirklichkeit in Zeiten der Krise selber eine weithin zerspellte, eine keinesfalls nur mit breit-ruhiger Vermittlung treffbare.

Ernest Hemingway: *«Tod am Nachmittag». Hamburg 1957. S. 173 (Kap. 17)*
Velázquez glaubte ans Malen von Kostümen, an Hunde, an Zwerge und nochmals ans Malen. Goya hielt nichts von Kostümen, aber er glaubte an Schwarz und Grau und ihre Nuancen, an Dämmerung und an Licht, an hochgelegene Städte, die sich aus der Ebene erheben, an das Land um Madrid, an Bewegung, an seine eigenen cojones, an Malen, an Radieren und an das, was er gesehen, gefühlt, berührt, gehandhabt, gerochen, genossen, getrunken, bestiegen, gelitten, ausgebrochen, beigeschlafen, verdächtigt, beobachtet, geliebt, gehaßt, begehrt, gefürchtet, mißbilligt, bewundert, verabscheut und zerstört hatte. Natürlich hat kein Maler je all das malen können, aber er hat es versucht.

Georg Lukács: *«Ästhetik III» (1963). Ausgabe Neuwied 1972. S. 39*
... man denke an Gedichte von Petöfi, Majakowski oder Eluard, an Bilder und Blätter von Goya und Daumier, und man sieht sogleich, daß das

unmittelbare Eingreifen in die aktuellsten Kämpfe zum Träger einer hohen Kunst werden kann. Und man darf dabei die Rolle des auslösenden Anlasses nicht unterschätzen, ihn keineswegs als bloßen Anlaß auffassen, der irgend etwas von ihm ästhetisch Loslösbares in die Welt gesetzt hätte. Solche Werke sind – gerade im ästhetischen Sinne – untrennbar mit jenen «Forderungen des Tages» verwachsen, die sie ins Leben rufen. Eben weil sie diesem Augenblick der Geschichte in seiner Einmaligkeit und Einzigartigkeit zugleich mit seiner typischen, gesellschaftlichen und menschlichen Bedeutung ergreifen und gestalten, können sie eine sofortige Wirkung von sonst unvorstellbarer Wucht und Intensität erlangen, jedoch eine, die mit dem Vorbeigehen, mit dem Verblassen, ja in Vergessenheit-Geraten des fruchtbringenden Augenblicks nichts von ihrer schlagkräftigen Intensität verlieren muß.

Bibliographie

Es werden nur Arbeiten verzeichnet, die nach 1961/62 erschienen sind, also noch nicht in den folgenden beiden Bibliographien aufgeführt sind:

A. Ruiz Cabriada: Aportación a una bibliografía de Goya. Madrid 1946
Francisco de Goya. Literatur von 1940–1962. In: Zeitschrift für Kunstgeschichte, 1965, S. 246–257

Auch aus diesem Zeitraum werden nur die wichtigeren Publikationen genannt. Die Ausstellungskataloge sind in zeitlicher Reihenfolge an den Anfang gestellt.

Ausstellungskataloge:

Francisco de Goya. Madrid (Ayuntamiento) 1961
Goya. Paris (Musée Jacquemart-André) 1961
Goya and His Times. London (Royal Academy of Arts) 1963
Goya. Zeichnungen, Radierungen, Lithographien. Ingelheim 1966
Goya. Amsterdam und Paris 1970
Goya. Das graphische Werk. München (Stuck-Villa) 1970
De grafiek van Goya. Amsterdam 1971
Goya, Radierungen. Freiburg 1971
Goya – Druckgrafik des Oldenburger Stadtmuseums. Oldenburg (Stadtmuseum) 1972
Goya, Portraits in paintings, prints and drawings. Richmond (Virginia Museum) 1972
The Changing Image. Prints by Francisco Goya. Boston 1974
Francisco de Goya. Die «Caprichos». Karlsruhe (Staatliche Kunsthalle) 1976
Francisco Goya. Radierungen. Göttingen (Kunstsammlung der Georg-August-Universität) 1976

Angelis, Rita de: L'opera pittorica completa di Goya. Mailand 1974 (Classici dell'Arte, Nr. 74)
Angulo Iñiguez, Diego: El «Saturno» y las pinturas negras de Goya. In: Archivo Español de Arte, 35, 1961, S. 173–177
Baticle, Jeanine: Goya et l'Aragon du «siècle des lumières». In: Revue du Louvre et des musées de France, 20, 1970, S. 283–287
L'activité de Goya entre 1976 et 1806, vue à travers le «Diario» de Moratin. In: Revue de l'Art, 13, 1971, S. 111–113
Baur, Christian: Die Fresken Francisco de Goyas in San Antonio de la Florida.

München (Diss. phil.) 1968
Beltrán, Antonio: Goya en Zaragoza. Zaragoza (Ayuntamiento) 1971
Buendia, Rogelio J.: Las litografías de 1819 de Goya. Un dibujo inédito. In: Archivo Español de Arte, 48, 1975, S. 119–125
Cawthorne, Terence: Goya's Illness. In: Proceedings of the Royal Society of Medicine, 55, March 1962, Section of the History of Science, S. 213–217
Damisch, Hubert: L'Art de Goya et les contradictions de l'esprit des lumières. In: P. Francastel (Hg.), Utopie et Institutions au XVIIIe siècle. Le Pragmatisme des Lumières. Paris–Den Haag 1963, S. 247–257
Dorival, Bernard: Le Testament spirituel de Goya. In: Journal de Psychologie normale et pathologique, Nr. 2, April-Juin 1975, S. 173–190
Florea, Vasile: Goya. London 1975
Gantner, Joseph: Goya. Der Künstler und seine Welt. Berlin 1974
Gassier, Pierre: Les Dessins de Goya: Les Albums. Fribourg 1973
Les Dessins de Goya, II. Fribourg 1975
und Juliet Wilson: Goya. His Life and Work. London 1971
Glendinning, Nigel: El Asno cargado de reliquias en los Desastres de la Guerra de Goya. In: Archivo Español de Arte, 35, 1962, Nr. 139, S. 221–230
Goya y las tonadillas de su época. In: Segismundo, 2, 1962, Nr. 1, S. 105–120
Goya and Arrieza's «Profecía del Pirineo». In: Journal of the Warburg and Courtauld Institutes, 26, 1963, S. 363–366
The Strange Translation of Goya's «Black Paintings». In: The Burlington Magazine, 117, 1975, Nr. 868, S. 465–479
Imaginación de Goya: Nuevas fuentes para algunos de sus dibujos y pinturas. In: Archivo Español de Arte, 49, 1976, Nr. 195, S. 273 ff.
Gudiol, José: Goya. London 1966
Goya, 1746–1828. Biografía, estudio analítico y catálogo de sus pinturas. Barcelona 1970 (4 Bde.)
Guinard, Paul: Goya et la tradition religieuse du siècle d'or. In: La Revue du Louvre et des musées de France, 20, 1970, S. 265–270
Harris, Enriqueta: A Contemporary Review of Goya's «Caprichos» In: The Burlington Magazine, 106, 1964, Nr. 730, S. 38–43
Goya. London 1969
Harris, Tomás: Goya. Engravings and Lithographs. Oxford 1964 (2 Bde.)
Hartmann, Lucrezia: Capriccio-Bild und Begriff. Zürich (Diss. phil.) 1973
Held, Jutta: Francisco de Goya. Graphik und Zeichnungen. (Literaturbericht) In: Zeitschrift für Kunstgeschichte, 1964, S. 60–74
Francisco de Goya. Die Gemälde. (Literaturbericht) In: Zeitschrift für Kunstgeschichte, 1965, S. 229–257
Two Portrait Drawings by Goya. In: Master Drawings, 1966, S. 294–298
Goyas Akademiekritik. In: Münchner Jahrbuch der Bildenden Kunst, 1966, S. 214–224
Die Genrebilder der Madrider Teppichmanufaktur und die Anfänge Goyas. Berlin 1971
Helman, Edith: Transmundo de Goya. Madrid 1963
Jovellanos y Goya. Madrid 1970
Hempel Lipschutz, Ilse: El pintor y los poetas. Goya y las imágenes del romanticismo francés. In: Arte Español, 15–18, 1963–67, S. 134–153
Heuken, Bernhard: Francisco Goya: Las Pinturas Negras. Bonn (Diss. phil.) 1974

HOHL, HANNA: Giuseppe Maria Mitellis «Alfabeto in Sogno» und Goyas «Sueño de la Razón». In: Museum und Kunst. Hamburg 1970, S. 109–118

HOLLÄNDER, HANS: Francisco Goyas distanziertes Engagement. In: Studium Generale, 21, 1968, S. 749–774

KÜHN-NIELSEN, PETER: Goya's «Tantalo». Genesis of a Composition. In: Master Drawings, 12, 1974, S. 151–156

LAFUENTE FERRARI, ENRIQUE: Goya, Sämtliche Radierungen und Lithographien. Wien–München 1964

Las cartas de Goya a Zapater y los epistolarios españoles. In: Homenaje a la memoria de D. Antonio Rodriguez-Moñino, 1910–1970. Madrid 1975, S. 285–328

LEVITINE, GEORGE: The Elephant of Goya. In: The Art Journal, 20, 1961, S. 145–147

LICHT, FRED: Goya in Perspective. New York 1973

LURIE, A. TZEUTSCHLER: Goya, St. Ambrose. In: The Bulletin of the Cleveland Museum of Art, 57, 1970, S. 130–140

MURARO, MICHELANGELO: Goya, Tiepolo et la peinture vénitienne du 18e siècle. In: La Revue du Louvre et des musées de France, 20, 1970, S. 271–282

Tiepolo e Goya. In: Atti del congresso internazionale di studi del Tiepolo. Mailand 1971, S. 68–80

NORDSTRÖM, FOLKE: Goya's Portrait of the Four Temperaments. In: De Artibus Opuscula, XL. Essays in Honor of Erwin Panofsky. New York, 1961, S. 394–401

Goya's State Portrait of the Count of Floridablanca. In: Konsthistorisk Tidskrift, 31, 1962, S. 82–94

Goya, Saturn and Melancholy. Studies in the Art of Goya. Stockholm–Uppsala 1962

PALM, ERWIN WALTER: Zu Goyas Capricho 56. In: Aachener Kunstblätter, 41, 1971, S. 20–27

Ein Grazien-Gleichnis. Goyas Familie Karls IV. In: Pantheon, 34, 1976, H. 1, S. 38–40

SALAS, XAVIER DE: Sobre un autorretrato de Goya y dos cartas inéditas sobre el pintor. In: Archivo Español de Arte, 36, 1964, Nr. 148, S. 317–320

Sur les tableaux de Goya qui appartinrent à son fils. In: Gazette des Beaux-Arts, 63, 1964, S. 99–100

Precisiones sobre pinturas de Goya: El Entierro de la Sardina, la serie de obras de gabinete de 1793–1794 y otras notas. In: Archivo Español de Arte, 41, 1968, Nr. 161, S. 1–16

SÁNCHEZ-CANTÓN, FRANCISCO JAVIER: Le Pitture nere di Goya alla Quinta del Sordo. Mailand 1963

The Life and Works of Goya. Madrid 1964

SAYRE, ELEANOR: Eight Books of Drawings by Goya – I. In: The Burlington Magazine, 106, 1964, Nr. 730, S. 19–30

Goya's Bordeaux Miniatures. In: Boston Museum Bulletin, 64, 1966, S. 84–123

Goya's Titles to the Tauromaquia. In: Festschrift für Hanns Swarzenski. Berlin 1973, S. 511–521

SCHMOLL, GEN. EISENWERTH, J. ADOLF: Die Bilder der Königsfamilie von Goya und Chodowiecki. In: Amici Amico. Festschrift für Werner Groß zu seinem 65. Geburtstag am 25. 11. 1966. Hg. KURT BADT und MARTIN GOSEBRUCH. München 1968, S. 305–324

SYMONS, SARAH: John Flaxman and Francisco Goya. Infernos Transcribed. In: The Burlington Magazine, 113, 1971, S. 508–512

THOMAS, HUGH: Goya, The third of May 1808. London 1972

TRAPIER, ELIZABETH DU GUÉ: Goya and his Sitters. New York 1964

TÜNGEL, RICHARD: Die Erschießungen vom 3. Mai 1808. Über die Rolle des Faktors Zeit in der darstellenden Kunst. In: Festschrift Dr. h. c. Eduard Trautscholdt zum 70. Geburtstag am 13. Januar 1963. Hamburg 1965, S. 157–160

WILLIAMS, GWYN A.: Goya and the Impossible Revolution. London 1976 – Dt.: Goya. Reinbek 1978 (= dnb. 92)

WILSON, JULIET: s. GASSIER

YOUNG, ERIC: An Unpublished Letter from Goya's Old Age. In: The Burlington Magazine, 114, 1972, Nr. 833, S. 558–559

Nachbemerkung

Die Übersetzung fremdsprachiger Zitate und Texte stammen, sofern nicht anders vermerkt, von der Verfasserin. Sie dankt Günter Oesterle für den Hinweis auf den Text über Goya in «Schorn's Kunstblatt».

Namenregister

Die kursiv gesetzten Zahlen bezeichnen die Abbildungen

Agustina de Aragón (Agustina Zaragoza Doménech) 94, 97
Alba, Herzog von 42
Alba, Herzogin von 27, 42f
Alfons V. der Weise, König von Aragón und Navarra 23
Altamira, Conde 27
d'Angoulême, Louis, Duc 127
Apiñani, Juanito 115
Aranda, Pedro Pablo Abarca y Bolea, Conde de 11
Arrieta 130, *132*

Baudelaire, Charles 59
Bayeu, Francisco 8, 9, 10f, 16f, 21, 22, 36, 42
Bayeu, Josefa 16
Bayeu, Ramón 10, 17, 20, 44
Benavente, Condesa-Duquesa de 27, *31*
Bermudez, Ceán 21, 43, 89, 125
Bernhard von Clairvaux 25
Bernhard von Siena 23
Blake, William 16
Bonaparte, Joseph, König von Spanien 90f, 109
Borbón, Don Luis María de 100
Brugada, Antonio 129

Cabarrus, Francisco, Conde de 27, 53
Cadalso, José 53
Callot, Jacques 99
Campollano, Marquesa de 18
Campomanes, Pedro Rodríguez Conde de 22
Cardano, José María 128
Carderera y Solano, Valentín 44
Carlos III., König von Spanien 10, 11, 17, 19f, 23, 32, 41
Carlos IV., König von Spanien 17, 37, 41, 90, 91
Carmona 44
Carnicero 41, 115
Castillo 17, 20, 21, 23, 35f, 44
Castro, Felipe de 22
Cevallos, Mariano 115
Chinchón, María Teresa, Condesa de 27, 84, *30*
Cid Campeador (Rodrigo Díaz de Vivar) 117
Cruz, Juan de la 33
Cruz, Ramón de la 33

David, Jacques Louis 87f, 102, 106, 109, 110, 148
Delacroix, Eugène 106
Diderot, Denis 63, 81, 96
Dominikus 23
Duaso y Latre, José 127

Feijoo, Fray Benito Jerónimo 54
Fernando VII., König von Spanien 82, 90f, 94, 95, 100, 118, 127
Fernán-Núñez, Duque de 84, *85*
Ferrer, Joaquín 47, 128
Ferro, Gregorio 10, 18
Floridablanca, José Moñino y Redondo, Conde de 11, 19, 20, 23, 25, 27, 33, 34, 41, 70, 72, *26*
Franz von Assisi (Giovanni Bernardone) 23
Füssli, Johann Heinrich 16, 141f

Galvez, Juan 97
Gaulli, Giovanni Battista 13
Giaquinto 13, 21
Gillot, Claude 60
Girodet-Trioson (Anne-Louis Girodet de Roucy) 88
Godoy y Álvarez de Faria, Manuel 52, 73, 74, 82, 84, 87
Goethe, Johann Wolfgang von 147
Goicoechea, Gumersinda 9
Goicoechea, Juan Martín 9
Goicoechea, Martín Miguel 9
González Velázquez, Antonio 10, 13, 14, 18, 21
González Velázquez, Francisco 10
Goya, Camilo 7
Goya, Javier 9, 129
Goya, José 7
Goya, Mariano 127, 129
Goya, Pedro 7
Goya, Tomás 7
Gracián y Morales, Baltasar 89
Guye, General 91

Hannibal 10
Hillo, Pepe 124
Hogarth, William 84
Houasse, Michel-Ange 59

Iriarte, Bernardo de 20, 39, 40, 43, 67, 70, 71, *73*

Jesus 102f, 107
Joseph 25
Joseph von Calasanz 130
Jovellanos, Gaspar Melchor de 19, 42, 72, 76, *74*

Kant, Immanuel 62, 80
Karl V., Kaiser 117

Lavater, Johann Kaspar 61, 63
Lebrun, Charles 34
Lepelletier, Michel 102
Lichtenberg, Georg Christoph 63
López, Vicente 129
Lucientes, Gracia 7, 9
Lucientes, Miguel 7
Ludgarda 25
Ludwig XIV, König von Frankreich 17, 34, 59, 80, 147
Luis, Don, Infant 19, 20, 27f, 70, 79
Luzán, José 8, 9, 11, 13

Machiavelli, Niccolò 89
Maella, Mariano Salvador de 17, 18, 21, 22, 36
Máiquez, Isidro 82, *83*
Maragato 88
Marat, Jean-Paul 102
Margarita, Infantin 68
María Luisa, Königin von Spanien 27, 74
María Teresa de Borbón s. u. María Teresa, Condesa de Chinchón
Marivaux, Pierre Carlet de Chamblain de 60
Martincho 115
Martínez, Sebastián 42
Marx, Karl 91
Mastroleo 8
Meléndez Valdés, Juan 72
Mengs, Anton Raphael 10, 12, 16f, 21f, 30, 60, 66, 78, 129
Mitelli, Giuseppe Maria 70
Molina 129
Moñino, Francisco 27
Moratín, Leandro Fernández de *75*
Moratín, Nicolás Fernández de 40, 54, 66, 72, 92, 116, 127, 128, 129
Mozart, Wolfgang Amadé 147
Muguiro, Juan Bautista de 130, *131*
Murat, Joachim 90, 91, 101

Napoleon I., Kaiser der Franzosen 90f, 117

Osuna, Duquesa de 27, 45

Palafox y Melzi, José de, Duque de Zaragoza 92
Philipp V., König von Spanien 8, 17, 117
Piles, Roger de 80f
Pontejos, Marquesa de 27, *29*
Ponz, Antonio 44f
Porcel, Isabel de 82

Quevedo y Villegas, Francisco de 68, 89

Robert von Molesme 25
Robespierre, Maximilien de 102
Rodriguez, Ventura 11 f, 19, 23, 72, *28*
Romero, Manuel 91

Sabasa 82
Sabatini, Francisco 19, 23, 25
Sade, Donatien-Alphonse-François, Marquis de 142
San Adrián, Marqués de 84, *86*
Santa Cruz, Marquesa de 84

Tiepolo, Giambattista 21, 44

Vallabriga, Doña María Teresa de 27
Vandergoten 17
Velázquez, Diego Rodríguez de Silva y 44 f, 68, 78, 129
Villafranca 84
Villanueva, Juan de 72
Vincent, François-André 110
Voltaire (François-Marie Arouet) 94, 96

Watteau, Antoine 59, 60
Weiß, Leocadia 127 f
Wellington, Arthur Wellesley, Duke of 90
West, Benjamin 101
Winckelmann, Johann Joachim 12, 62, 66
Wölfflin, Heinrich 145

Young, Edward 68

Zapater, Martín 8, 9, 18, 19, 25, 78
Zarate 82

Über die Autorin

Jutta Held: Studium der Kunstgeschichte, Germanistik, Philosophie und Archäologie; Promotion in Hamburg. Forschungsstipendium in Spanien und zweijährige Lehrtätigkeit an der Queen's University in Kingston, Kanada. Seit 1974 Prof. an der Universität Osnabrück. Forschungsschwerpunkte: Spanische Malerei des 17. und 18. Jahrhunderts; Kunst des 20. Jahrhunderts. Publikationen zur Kunst und Kunsttheorie des 17.–20. Jahrhunderts, zur Architekturtheorie sowie zur Kunst- und Museumsdidaktik und zu berufspolitischen Fragen.

Quellennachweis der Abbildungen

Rijksmuseum, Amsterdam: 101
Foto Mas, Barcelona: 15, 24, 26, 28, 29, 30, 31, 39, 40, 73, 74, 75, 85, 86, 87, 133
Musée des Beaux-Arts, Bordeaux: 110
Foto Alinari, Florenz: 12
Office du Livre, Fribourg: 64, 65, 136, 137, 139, 140, 141
Kunsthalle Hamburg: Umschlagvorder- und -rückseite, 50, 51, 52, 55, 56, 92, 93o., 93u., 96, 98, 99, 100, 103o., 103u., 106, 108, 112, 113, 114, 116, 118, 119, 123o.
The British Museum, London: 123u., 124/125
Museo Municipal, Madrid: 120/121
Museo del Prado, Madrid: 34/35, 37, 46, 69, 76/77, 83, 104/105, 107, 131, 134
Institute of Arts, Minneapolis: 132
The Hispanic Society of America, New York: 135
Metropolitan Museum of Art, New York: 61
Musées Nationaux, Paris: 58
Privatsammlung, Frankreich: 57

947/4a

947/4c

rowohlts monographien

in Selbstzeugnissen
und Bilddokumenten
Herausgegeben von
Kurt Kusenberg

bildmonographien rororo

**Betrifft: Kunst
Theater
Film**

Kunst

Hieronymus Bosch
Heinrich Goertz [237]

Paul Cézanne
Kurt Leonhard [114]

Albrecht Dürer
Franz Winzinger [177]

Max Ernst
Lothar Fischer [151]

Caspar David Friedrich
Gertrud Fiege [252]

Vincent van Gogh
Herbert Frank [239]

George Grosz
Lothar Fischer [241]

John Heartfield
Michael Töteberg [257]

Paul Klee
Carola Giedion-Welcker [52]

Le Corbusier
Norbert Huse [248]

Leonardo da Vinci
Kenneth Clark [153]

Michelangelo
Heinrich Koch [124]

Pablo Picasso
Wilfried Wiegand [205]

Rembrandt
Christian Tümpel [251]

Heinrich Zille
Lothar Fischer [276]

Theater/Film

Charlie Chaplin
Wolfram Tichy [219]

Walt Disney
Reinhold Reitberger [226]

Sergej Eisenstein
Eckhard Weise [233]

Erwin Piscator
Heinrich Goertz [221]

Max Reinhardt
Leonhard M. Fiedler [228]

928/2

rowohlts monographien

in Selbstzeugnissen
und Bilddokumenten
Herausgegeben von
Kurt Kusenberg

bildmono ro ro ro graphien

Betrifft: Musik

Johann Sebastian Bach
von Luc-André Marcel (83)

Belá Bartók
von Everett Helm (107)

Ludwig van Beethoven
von Fritz Zobeley (103)

Alban Berg
von Volker Scherliess (225)

Hector Berlioz
von Wolfgang Dömling (254)

Johannes Brahms
von Hans A. Neunzig (197)

Anton Bruckner
von Karl Grebe (190)

Frédéric Chopin
von Camille Bourniquel (25)

Antonin Dvořák
von Kurt Honolka (220)

Georg Friedrich Händel
von Richard Friedenthal (36)

Joseph Haydn
von Pierre Barbaud (49)

Franz Liszt
von Everett Helm (185)

Gustav Mahler
von Wolfgang Schreiber (181)

Felix Mendelssohn Bartholdy
von Hans Christoph Worbs (215)

Wolfgang Amadé Mozart
von Aloys Greither (77)

Modest Mussorgsky
von Hans Christoph Worbs (247)

Jacques Offenbach
von P. Walter Jacob (155)

Max Reger
von Helmut Wirth (206)

Arnold Schönberg
von Eberhard Freitag (202)

Franz Schubert
von Marcel Schneider (19)

Robert Schumann
von André Boucourechliev (6)

Bedrich Smetana
von Kurt Honolka (265)

Richard Strauss
von Walter Deppisch (146)

Georg Philipp Telemann
von Karl Grebe (170)

Peter Tschaikowsky
von Everett Helm (243)

Giuseppe Verdi
von Hans Kühner (64)

Richard Wagner
von Hans Mayer (29)

Carl Maria von Weber
von Michael Leinert (268)

Anton Webern
von Hanspeter Krellmann (229)

944/2